Frau Dorrima.

Ein Roman.

Band 1

Frau Henry Wayland Chetwynd

Writat

Diese Ausgabe erschien im Jahr 2024

ISBN: 9789359944036

Herausgegeben von
Writat
E-Mail: info@writat.com

Inhalt

KAPITEL I.

Es gab vielleicht nie eine verwirrtere Frau als Mrs. Dorriman, eine Dame, deren Geist dazu neigte, sich über die meisten Dinge in dieser komplexen Welt in einer Haltung der Verwirrung zu befinden. Die Probleme des Lebens belasteten sie sehr (nicht nur die tieferen Fragen, die wissenschaftliche Köpfe verwirren und vom Gasverbrauch und seinen unerwarteten Ausmaßen in der heimischen Wirtschaft bis zur heiklen Frage der Sternschnuppen und den Einflüssen der Naturkräfte reichten).), aber sie gab sich bis zu einem gewissen Grad damit zufrieden, unaufgeklärt zu bleiben, da sie mit einiger Weisheit erkannte, dass es so vieles gab, was sie nicht verstehen konnte; Es war völlig aussichtslos, sich in irgendeiner Richtung anzustrengen.

Die unmittelbare Ursache ihrer gegenwärtigen Verwirrung war ein Brief ihres Bruders. Dieser Brief, der auf ihrem Schoß lag, war mehrere Male gelesen worden, und sie hielt ihn vorsichtig an einer Ecke und runzelte die Stirn, als sie ihn betrachtete – so, als würde man sich mit der Differentialrechnung auseinandersetzen, während man noch die vorherigen Pfade der mathematischen Komplexität beschreitet war nicht betreten worden. An einem bestimmten Tag im September saß Frau Dorriman an der Westküste Schottlands unter einer großen Eberesche, deren scharlachrote Beeren in herbstlicher Schönheit zu erstrahlen begannen; Von dort, wo sie saß, war das Meer weit unter ihr in seiner unaufhörlichen und musikalischen Monotonie deutlich zu hören.

Auf der einen Seite nahmen die schönen Hügel von Skye unter dem Einfluss von Sonnenschein und Sturm jede wechselnde Farbe an. Jede Mulde war einmal vom strahlenden Sonnenlicht markiert, das so klare, scharfe und schöne blaue Schatten warf, und zog sich dann wieder hinter einen Nebelschleier zurück; Sieht so nah aus und ist vor dem Regen so herrlich gefärbt und vor dem Ausbruch eines Sturms halb von bedrohlichen Wolken verdeckt.

Hinter Mrs. Dorriman fiel das Gelände an und war gut bewaldet; Ein Brand stürzte herbei und stürzte in Form eines Wasserfalls über die Klippe den Hang hinab. Ihr eigenes Haus war klein, aber gut geplant und so geschützt, dass die Blumen des Frühlings, die jedem, der auch nur einen schwachen Sinn für natürliche Schönheit hatte, immer so willkommen waren, hier in Perfektion blühten. An der Brandstelle entlang schlängelte sich ein aus dem Felsen gehauener Weg, der zum Meeresufer hinabführte und an der Klippe entlangging, bis er in einem Grasfleck endete, wo drei Steine einen sicheren und bequemen Sitzplatz bildeten .

Frau Dorriman war eine der Frauen, deren Leben von ständigem Scheitern geprägt war. Ihre Kindheit war vernachlässigt worden, ihre Jugend war dieselbe gewesen; Sie wurde in eine Ehe mit einem Mann gedrängt, der viel älter war als sie selbst, den sie, wenn sie ihn nicht mochte, auch nicht wirklich liebte und zu dem sie, als das Unglück kam, nichts hatte, was sie anziehen könnte, denn das Unglück ist die höchste Prüfung der Liebe, und wenn es keine tiefe Zuneigung gibt, tötet ihn der Atem des Misserfolgs sofort.

Es tat ihr leid, als er starb; aber sie hatte das tiefe Gefühl, dass in gewisser Weise alles seine eigene Schuld war – und sie gab ihm so viele Vorwürfe und hatte so großes Mitleid mit sich selbst, dass sie keinen Raum für Mitleid hatte. Erst als er gestorben war und ihm einen halb vorwurfsvollen, halb flehenden Blick zugeworfen hatte, überkam sie ein dunkles Gefühl eines Mangels in sich selbst und ihrer Ungerechtigkeit, und sie hatte sich plötzlich zu ihm niedergebeugt und ihn geküsst, und sie war immer froh darüber; sie hatte ihm zuletzt vergeben und es ihm mitgeteilt.

Seit einigen Jahren lebte sie nun in Inchbrae und verstand vage, wie sie dorthin kam und wie sie zu ihrem Einkommen kam. Bei diesem Thema herrschte für sie alles Verwirrung. Sie wusste nie, wie es kam, dass sie alles von ihrem Bruder hatte. Ihr Mann war ein wohlhabender Mann gewesen, als sie ihn geheiratet hatte; Und obwohl sie von einem Ort zum anderen gezogen waren und immer zurück zu gehen schienen, anstatt vorwärts zu gehen, kam es ihr dennoch seltsam vor, dass sie abhängig und nicht unabhängig war.

Die Erinnerung an diese frühen Tage hatte sie in gewissem Maße gelehrt, den Charakter ihres Bruders zu verstehen, ihres Bruders, der ihr Halbbruder war, eine Bindung, die so eng oder so weit voneinander entfernt sein kann!

Diese Erinnerung gab ihr die Überzeugung, die tief in ihrem geheimen Herzen verborgen lag, dass die angebliche Freundlichkeit ohne einen wichtigen Grund nicht da sein würde; und halb erschrocken, ja mehr als halb erschrocken über die Kühnheit ihrer Gedanken, erhob sie sich plötzlich von ihrem Sitz und wurde durch den Brief, der zu Boden flatterte, in ihre jetzige Position zurückgerufen.

In diesem Brief wurde sie in einer Form aufgefordert, die einem Befehl gleichkam, ihr Haus aufzugeben und bei ihm zu wohnen – nicht um das Haus zu vermieten, sondern um es zu verkaufen; Tatsächlich teilte er ihr mit, dass er bereits Schritte unternommen hatte, um dies zu erreichen, da er keinen Zweifel daran hatte, dass sie gerne tun würde, was er wollte.

Die arme Mrs. Dorriman! Sie war sich so wenig sicher, ob sie unter dem Dach ihres Bruders glücklich sein würde, dass es ihr sehr schrecklich war, sich in eine Lage zu bringen, aus der sie nicht nach Belieben aussteigen konnte. Sie war eine Frau, die in ihrem ganzen Leben nie einen Vertrauten oder Freund gehabt hatte, von dem sie Rat einholen konnte, da sie zu jenen seltenen Menschen gehörte, die buchstäblich nicht mit den Dingen sprechen können, die ihnen am nächsten stehen. In ihrer Kindheit und Jugend war sie isoliert gewesen und hatte keine Gefährten gehabt, und zwischen ihr und ihrem Mann hatte es nie volles Vertrauen gegeben; Gedanken, die man so ganz für sich behält, neigen dazu, bitter und einseitig zu werden; nichts ist vielleicht ungesünder, als zuzulassen, dass kein Licht von der Außenwelt jene dunkleren Gedanken erhellt, die manchmal jedem kommen und die eine offene und ehrliche Diskussion mit einem Freund oft vertreibt; aber wenn dies in gewöhnlichen Fällen gefährlich ist, ist es noch viel schlimmer, wenn ein Gedanke mit so schrecklicher Bedeutung im Herzen liegt, dass er wie ein Tropfen tödlichen Giftes wirkt und nur das Wissen um seine Macht verhindert, dass er hervorgebracht und in all seinen Zusammenhängen betrachtet wird.

Die Meeresbrise zerzauste Mrs. Dorrimans Haar. Sie war kaum älter als dreißig und hatte nach dem Ende ihrer Trauer keine Mütze mehr getragen. Ihr Gesicht und ihre Persönlichkeit hatten viel Hübsches, aber ihre großen und eher hellgrauen Augen hatten die Angewohnheit, nach unten zu schauen, als ob darin etwas zu lesen wäre, das sie verbergen wollte, und ihr Gesicht hatte seine Blüte verloren. Sie bewegte sich gut, aber mit dem langsamen Schritt einer Person, die nie eine robuste Gesundheit gekannt hat und für die Ruhe angenehmer ist als Aktivität.

Lange saß sie da und dachte nach, während all ihre Gedanken von einer Idee durchzogen waren: Was nützte eine Überlegung? Ihr Bruder, Mr. Sandford, zwanzig Jahre älter als sie, war immer Herr über ihr Schicksal gewesen und würde es auch immer bleiben. Sie war praktisch machtlos, es sei denn ... Sie faltete die Hände und die Farbe stieg für einen Moment in ihre blassen Wangen. Langsam formte sich in ihrem Kopf ein Entschluss. Mit einem Schritt, bei dem es keine Eile zu geben schien, aber mit gespanntem Verstand ging sie den Weg zu ihrem Haus hinauf. Es erschien ihr jetzt sehr fair, es zu verlassen – da die Dinge für uns alle immer begehrenswerter werden, je mehr sie sich unserem Zugriff entziehen –, und sie hielt einen Moment inne, um es zu betrachten. Die grauen, grob behauenen Steine waren teilweise von verschiedenen Schlingpflanzen verdeckt; Rosen und Geißblatt hingen über der Veranda, und der Garten mit seinem gepflegten Rasen bot dem Auge immer noch ein perfektes Fest der Farben. Mrs. Dorriman seufzte, ging ins Haus, schrieb eine Notiz und klingelte nach ihrem Diener. Sie war immer noch ein wenig errötet, aber sie schickte ihre Nachricht, nahm ihre Arbeit auf, setzte sich und fuhr mechanisch fort. Niemand, der sie sah, konnte sich vorstellen, dass sie zum ersten Mal in ihrem Leben einen Akt der Rebellion in Gang gesetzt hatte.

Sie schaute weiter die Straße entlang, die sich zwischen den selbst gesäten Birken zeigte, die das Tal bedeckten. Die Antwort auf ihren Brief kam in Form einer heruntergekommenen Ponykutsche mit einem Pony darin, deren mannigfaltige Beschäftigungen ihr ein trauriges und gedämpftes Aussehen verliehen, so dass es viel Überredungskunst erforderte, damit sie auch nur annähernd an die Geschwindigkeit herankam. Es kroch die Hügel hinunter und kroch sie hinauf, und sein Winterfell war bereits dick genug, um es absolut unempfindlich gegen eine Peitsche zu machen, die kürzer geworden war und im Einsatz gegen sie ihre Peitsche verloren hatte. Dieses Pony hätte mit viel Wahrheit zu jedem sagen können, der es anspornen wollte: „Es amüsiert dich und tut mir nicht weh." Bei den seltenen Gelegenheiten, bei denen Mrs. Dorriman Gelegenheit hatte, in die nächste neun Meilen entfernte Stadt zu fahren, hatte sie sich diese kleine Weide von dem Bauern geliehen, der sie für seine kranke Mutter aufbewahrte, und sie kannte das Pony gut; Als sie es kommen sah, faltete sie ihren Brief zusammen und ging nach oben, zog ihre Sachen an, als würde sie in die Kirche gehen, und stand an der Tür, bereit zum Eintreten, als sie dort ankam. Der Junge mit den rosigen Wangen, der fuhr, hatte von Natur aus keine Lust auf Gespräche, und Mrs. Dorriman nahm sich ein Buch, um die Langweiligkeit des Weges zu vertreiben, und las es, wie wir es manchmal tun, ohne den Sinn dahinter zu begreifen , ihre Gedanken waren erfüllt von der bevorstehenden Veränderung und dem Plan, den sie plötzlich gemacht hatte und der im Widerspruch zu allen früheren Gewohnheiten ihres Lebens stand.

Diese Liebe zu wunderschönen Landschaften, ohne die nur wenige Menschen geboren werden, veranlasste sie, von Zeit zu Zeit den Kopf zu heben und sich umzusehen. Hoch oben ragten auf beiden Seiten die Hügel empor, mit ihren riesigen Rissen und Spalten, die mit Moos bedeckt waren, und hier und da einem Grasfleck, auf dem sich die zähen kleinen Bergschafe versammelten. Weiter unten waren die natürlichen Birkenwälder eine Masse aus Gold, deren Farbe durch die schwankende Bewegung ihrer anmutigen Äste verstärkt wurde, die das Sonnenlicht einfingen und es dort tanzen ließen. Eine Kette von Lochs nach der anderen fegte mit bewaldeten Vorgebirgen und Inseln über die Straße, und die Hügel erhoben sich „Gipfel über Gipfel" und trugen die Gedanken hinauf zu dem Himmel, den sie zu erreichen schienen. Es herrschte Bewegung in der Luft, aber der Wind wehte zwar vom Meer herauf, war aber sanft und mild. Aus ein paar Hütten, die recht elend aussahen und doch innen warm waren, wehte jener Torfgeruch, der für diejenigen, deren Füße ihr ganzes Leben lang das Heidekraut betreten haben, voller angenehmer Assoziationen ist – an schöne Tage, an denen eine Schüssel Milch und eine Ahnung Nach der frischen Luft wurde ein Haferbrot genossen; Von nassen Tagen, an denen ein Torffeuer, als wir auf einem Pony weit umherwanderten und vom Regen überwältigt wurden, Wärme, Trost und die echte Gastfreundschaft gebracht hatte, die unter den

Armen irgendwie nie versagt. Mrs. Dorriman hatte den Armen ihr ganzes Leben lang all die Liebe und wahre Güte zu verdanken, die sie jemals erfahren hatte – viele freundliche Frauen hatten Mitleid mit dem mutterlosen Kind gehabt und sie aufgeheitert, viele Männer hatten sich an das süße, traurige Gesicht der Mutter erinnert, die es getan hatte Sie hatte ihr kurzes Leben unter ihnen gelebt, ein kurzes, aber voller schöner Erinnerungen an alle, die es berührt hatte, und hatte der Mutter ihre Dankbarkeit gegenüber dem Kind zum Ausdruck gebracht. Nichts war für sie so schmerzhaft gewesen, wie ihr altes Zuhause zu verlassen, nicht wegen der Freundlichkeit in dem Haus, in dem ihr viele bittere Lektionen beigebracht worden waren, sondern wegen der herzlichen, engen Freunde, die ihr Leben erfüllten und die man fast überall finden konnte jedes Häuschen am Hang.

Wäre sie dorthin gegangen, hätte das Glück den Schmerz überwogen, aber Mr. Sandford (der es sich zur Ehre machte, keine dummen Vorlieben zu haben) hatte das alte Haus vor langer Zeit verkauft und im Umkreis von zwei Meilen ein Haus nach seinem eigenen Geschmack gebaut eine blühende Industriestadt, und die arme Frau Dorriman hatte oft genug von ihrem Rauch gehört, von den Bäumen, die durch die Dämpfe einiger Schwefelfabriken getötet wurden, und von den verdorbenen Blumen; und wie alle Menschen, die allein und in ihren eigenen Gedanken leben, übertrieb sie die traurige Aussicht, die ihr bevorstand. Sie war völlig von ihrem Bruder abhängig und hatte keine Wahl, aber obwohl sie zu schüchtern war, um sich gegen ihn zu stellen, hatte sie genug von der Frau in sich, um zu glauben, dass es nicht schaden würde, ihn bis zu einem gewissen Grad zu umgehen, vor allem als er brauchte es nie zu erfahren, es sei denn ... und dann brach sie das Nachdenken ab und vergrub sich entschlossen noch einmal in ihrem Buch, wobei sie so wenig davon aufnahm wie zuvor.

Der Anblick der Reihe kleiner Häuser, die den Anfang der Stadt bildeten, erweckte sie und die Stimme des Jungen, der das zweistündige Schweigen brach und mit ruhiger Stimme fragte: „Wo soll ich dich hinbringen, Kumpel?" "

„Beim Tuchmacher, Willie; und ich werde im Gasthaus vorbeischauen, wenn ich bereit bin, nach Hause zu gehen."

Sie ging in den Stoffladen und dachte einen Moment nach – selbst bei einer solchen Gelegenheit lehnte es in ihrem Geist ab, unnötige Dinge zu kaufen – und sie blickte ein wenig hilflos auf die Auswahl an Stoffen und selbstgesponnenen Stoffen auf einer Seite des Ladens. und auf der anderen Seite die Lebensmittelgeschäfte und Fässer mit Mehl und Heringen; Der vorherrschende Geruch stammt von geteerten Seilen, Heringen und Kerzen der primitiven Art, die in der Gegend hergestellt werden – Dips mit viel Baumwolle und sehr wenig Talg.

Der aufmerksame Verkäufer beugte sich über die Theke (sie handelte dort) – er hatte halb Angst, sie sei gekommen, um sich zu beschweren – und erkundigte sich in diesem sanften Tonfall, in dem eine deutliche Befürchtung zu erkennen war, was sie brauchte.

Mrs. Dorriman sah ihn ein wenig hilflos an und gab einen Moment lang keine Antwort, dann fragte sie mit leiserer Stimme, als es bei ihr üblich war, nach dem Weg zur Bank.

Der gute Mr. Forbes dachte sofort, dass sie möglicherweise schlechte Nachrichten hatte, und rückte mitfühlend einen Stuhl für sie hin, aber sie wollte sich nicht setzen. Er warf sich über den Tresen, ging zur Tür und erklärte, dass die Bank weiter oben auf der Straße und auf der rechten Seite sei – tatsächlich wäre es sehr schwierig gewesen, da es in der Stadt außer einer sehr langen, verzweigten Straße nur sehr wenig gab es verpasst zu haben.

Mrs. Dorriman verneigte sich dankend und schaute hinaus, um zu sehen, dass der Ponywagen und der Junge außer Sichtweite waren. Sie hatte das unbestimmte Gefühl, dass, wenn der Junge wüsste, dass sie zur Bank gegangen war, alle ihre privatesten Absichten sofort ans Licht kommen könnten zu ihrem Bruder. Sie murmelte etwas Unverständliches über ihre Rückkehr und ging die Straße hinauf, deren Pflasterung nicht vollständig ausgeführt war, sondern nur mit Fahnen vor den vornehmsten Häusern prahlte, und deren Zwischenräume aus Erde bestanden und oft schlammig waren.

Das ungewöhnliche Erscheinen einer vorbeigehenden Dame rief alle an ihre Tür – die beiden Metzgereien, keine Rivalen, sondern Freunde, die jeden zweiten Tag ein Schaf schlachteten, um sich nicht gegenseitig zu „stören" – die Bäckerei mit ihrer kompletten Bar Die Kinder mit ihren kleinen Füßen rundherum – das Postamt mit einer imposanten Tafel und den allerbesten Süßigkeiten in einem Schaufenster (was für die gelegentliche Klebrigkeit der Briefe verantwortlich war) – wurden alle passiert, und da sie sich keine Zeit zum Nachdenken ließ, beeilte sich Mrs. Dorriman ging weiter, betrat die Bank und fragte nach Mr. Macfarlane.

Mr. Macfarlane, der gelegentlich geschäftlich in Inchbrae gewesen war, um sie zu treffen, war ein wenig erschrocken über das Erscheinen einer Frau, die noch nie zuvor in der Bank gewesen war, und er vermutete natürlich, dass eine schlechte Nachricht sie dorthin geführt hatte.

„Ich hoffe", begann er, als er in den kleinen Raum kam, der für Interviews heilig war und von den beiden jungen Angestellten ferngehalten wurde, die zeitweise fleißig schrieben und manchmal ihren Fleiß dadurch kompensierten, dass sie in den Deckel bissen Sie hielten ihre Stifte in die

Hand und überflog die Kreiszeitung, von der sie, mangels anderer Literatur, jede Zeile auswendig kannten: „Ich hoffe –"

„Das sind keine schlechten Nachrichten", sagte Mrs. Dorriman, ihre Nervosität verriet sich in ihrer Stimme; „Aber hier ist niemand, an den ich mich wegen irgendetwas wenden kann – und ich möchte Sie zu etwas um Rat fragen."

Mr. Macfarlane kannte die Welt, und er wusste auch viel mehr über Mrs. Dorrimans Position als sie selbst. Aber er war ein Mann, der es sich zur Regel machte, sich nie in die Angelegenheiten von irgendjemandem einzumischen, da er selbst genug zu tun hatte. Jeder, der ihn ansah und sich mit seinen Gesichtern auskannte, hätte sofort gemerkt, dass die Vorsicht alle anderen Impulse überwog. Sein Gesichtsausdruck war gerade völlig ausdruckslos, und Mrs. Dorriman, die sich instinktiv flehend an ihn gewandt hatte, zuckte ein wenig zusammen, und er sah es.

„Ich bin kein Mann, der sich gerne einmischt", sagte er ernst; „Aber ich hoffe, ich kann sehen, wann ich eine Gefälligkeit erweisen kann, und es tun – immer unter der Annahme, dass ich dadurch niemandem Unrecht tue."

„Ich möchte Ihren Rat", sagte Mrs. Dorriman nervös. Tute sie ihrem Bruder Unrecht, als sie um Rat fragte?

„Und zu welchem Thema?" Mr. Macfarlane holte seine Uhr heraus, zählte die Sekunden mit dem Daumen und steckte sie wieder in die Tasche. Drängend durch diesen Beweis dafür, dass die Zeit kostbar ist, stürzte sich die arme Frau Dorriman sofort darauf, ohne die Erklärungen, die sie im Kopf gehabt hatte, um auf das Thema einzugehen. „Mein Bruder, Mr. Sandford, möchte, dass ich bei ihm lebe –"

„Um mit ihm zu leben?" Mr. Macfarlane war ein wenig überrascht, aber er wusste auch, dass das nicht alles sein konnte. „Ich nehme an, er ist bestrebt, ein größeres Zuhause zu haben, als ein Junggeselle normalerweise hat", sagte er nach einer Pause.

„Er möchte, dass ich Inchbrae aufgebe."

„Gib es auf! Du willst es nicht völlig ausverkaufen?"

„Ja, er möchte, dass ich es verkaufe", und Mrs. Dorrimans Stimme zeigte deutlich, was der Verkauf für sie bedeutete und was für einen Schmerz es ihr bereiten würde.

Mr. Macfarlane war jetzt ein wenig verwirrt. Obwohl er viel über ihre Geschichte wusste, war er sich überhaupt nicht sicher, wie die Beziehungen zwischen Bruder und Schwester waren, das heißt, er wusste viel, aber nicht *alles*, und er hatte Angst, einen falschen Schritt zu machen Unwissenheit und bringen diese arme Dame in eine schlimmere Lage, als sie sich derzeit befindet.

Er sah sie erwartungsvoll an und sagte dann freundlich: „Dann haben Sie vor, zu ihm zu gehen – haben Sie vor, Inchbrae zu verlassen?"

„Ich muss", sagte sie nervös.

„Und mein Rat ist dann nicht nötig, da Sie sich entschieden haben."

Es gab einen sichtbaren Kampf in ihr. „Ich fürchte, ich muss gehen, da er es wünscht, aber – muss ich das Haus verkaufen, Mr. Macfarlane?"

„Das Haus gehört dir – ich würde es an deiner Stelle nicht verkaufen."

„Aber er befiehlt mir", sagte sie bitter, „und –"

„Und Sie wissen nicht, welche Konsequenzen es haben kann, wenn Sie sich weigern?"

„Ich – ich weiß nichts", sagte sie hilflos.

Mr. Macfarlane hatte Mitleid mit ihr, er verstand ganz gut, was auf ihr lastete – sie hatte Angst, ungehorsam zu sein – sie fühlte sich zu sehr in Mr. Sandfords Händen – zu sehr in seiner Macht. Bevor er Zeit zum Sprechen hatte, sagte sie hastig: „Vielleicht sollte es besser nicht besprochen werden, vielleicht sollte ich es besser tun."

Aber hier war der Gedanke, kein Zuhause zu haben, zu dem sie zurückkehren konnte, wenn sie unglücklich war, der Schmerz, sich von dem kleinen Ort zu trennen, den sie so liebte, wo ihr Mann gestorben war und an dem jeder Strauch und Baum gepflanzt worden war, den sie gesehen hatte für sie – und ihre zitternden Lippen und tränenreichen Augen erweckten echtes Mitgefühl in Mr. Macfarlanes Herzen.

„Was denken Sie, Frau Dorriman?" sagte er freundlich und legte seine offizielle Miene beiseite, beugte sich vor, sprach mit ihr und forderte sie auf, ihr Vertrauen zum Ausdruck zu bringen.

Frau Dorriman wurde rot und blass, sie war beunruhigt und ihre Nervosität nahm zu.

„Ich kann es nicht ertragen, mich für immer von diesem Ort zu trennen", rief sie, aber mit leiser Stimme, „wenn –" Vergebens wartete der arme Mr. Macfarlane, eine Weile wollte er keine Worte finden, dann sagte sie hastig: „Könnte ich unter der Voraussetzung verkaufen, dass ich es zurückkaufe, wenn ich möchte?"

„Ja, es wäre möglich, wenn das Geld in Ihren eigenen Händen wäre. Wurde es in Ihrem Namen oder in dem von Mr. Sandford gekauft?"

"Ah!" rief sie, „dann ist es hoffnungslos!“ Ihr Gesichtsausdruck senkte sich, und Mr. Macfarlane hatte mehr Mitleid mit ihr als je zuvor.

Er selbst war ein wenig verwirrt und besorgt. Er wusste nicht, wie weit sie die Dinge für sich behalten konnte, und er musste nachdenken, bevor er einen Vorschlag machen konnte; Es wäre niemals angebracht, sich auf eine wütende Diskussion und Korrespondenz mit Mr. Sandford einzulassen. Dann überkam ihn ein gewisses Schamgefühl. Er hasste es, in Schwierigkeiten zu geraten; er hasste es, sich einzumischen, aber er war ein aufrechter Mann. Was er wusste, berechtigte ihn, sie zu führen, und er konnte nicht so gemein sein, sie riskieren zu lassen, alles zu verlieren, wenn ihr ein Wort helfen könnte. Er war vorsichtig, aber ohne auf Einzelheiten einzugehen, würde er ihr vielleicht einen Rat geben. Er wusste, dass die Aufgabe ihres Hauses auf Mr. Sandfords Bitte hin wahrscheinlich darauf zurückzuführen war, dass Mr. Sandford gute Gründe hatte, sie unter seiner eigenen Aufsicht zu haben, und er hatte genug Kenntnis der Umstände, um ihn zuversichtlich zu machen, dass sie nichts verlieren würde, wenn sie mutiger wäre , und behauptet sich ein wenig.

„Mrs. Dorriman“, sagte er eindrucksvoll, „ich glaube nicht, dass es für Sie eine Antwort sein wird, entweder das Haus zu verkaufen oder private Bedingungen für einen Verkauf zu machen, der Ihrem Bruder nicht bekannt ist. Mein Rat an Sie lautet einfach: Lehnen Sie ab.“ Verkaufen Sie die Wohnung und vermieten Sie sie – eine so hübsche und angenehme Wohnung lässt sich leicht vermieten – und weisen Sie Ihren Bruder darauf hin, dass Sie es *nach Ihrer Erfahrung mit Investitionen* für besser halten, nicht zu verkaufen, sondern die Miete selbst in der Hand zu behalten, was auch der Fall sein wird Machen Sie sich während Ihres Aufenthalts bei ihm von seiner Hilfe unabhängig; eine Dame möchte Kleidung und ... ein wenig Geld für sich.

Mrs. Dorriman errötete lebhaft. Jetzt verstand er es ganz genau – die Erinnerung an die Zeit vor langer Zeit, als sie als Mädchen gezwungen gewesen war, für jeden noch so kleinen Wunsch zu ihm zu gehen, und oft und oft auf Dinge verzichtet hatte, anstatt sich den Sticheleien und widerwilligen Worten zu stellen, mit denen er sie überhäufte jetzt zu ihr. Wie gut! Oh! Wie gut, Mr. Macfarlane hat es verstanden!

Dann kam dieser verborgene Gedanke hoch, wie so oft, wenn die Erinnerung an jene alten Tage zurückkehrte, und ein Blitz, fast voller Schrecken, blitzte in ihren Augen auf, als ob sie ihr Geheimnis preisgegeben hätte, und erschreckte Mr. Macfarlane, der sie scharf beobachtete.

„Sind Sie sicher, dass es in diesem Fall nicht schaden wird, meinem Bruder nicht zu gehorchen?“ sagte sie mit stockender Stimme.

„Da bin ich mir sicher", sagte er fest, „und es ist am besten, ganz direkt zu handeln – ich meine", sagte er und korrigierte sich hastig, als er sah, wie sie zusammenzuckte, „Sie würden sich in einer ziemlich falschen Lage befinden, wenn Sie hatte nominell zugestimmt, das zu tun, was Ihr Bruder wollte, und sich dennoch eine Vollmacht vorbehalten, die den Verkauf praktisch neutralisierte."

Sie senkte den Kopf. „Sie haben Recht, Mr. Macfarlane, und doch…"

„Es ist natürlich, dass du davor zurückschreckst, irgendetwas zu tun, was ihm missfallen könnte", sagte er und versuchte, ihren Gedanken zu folgen, und bildete sich ein, dass er es getan hatte.

„Das ist nicht ganz das – es ist nicht nur das", murmelte sie mit leiser Stimme.

Sie hatte den Brief absichtlich zu Hause gelassen; Sie wollte, dass er ihr half, und doch wollte sie ihm nicht alles zeigen oder ihm die groben Begriffe erzählen, die ihr Bruder verwendet hatte. Wie viele andere Menschen vergaß sie völlig, dass halbes Selbstvertrauen schlimmer ist als gar keins.

Mr. Macfarlane war jetzt verwirrter denn je. Was steckte wirklich hinter all dem? Wovor hatte sie Angst?

Die blasse, schlanke Frau vor ihm, die bis jetzt noch nie Frieden gekannt hatte, verfügte offensichtlich über eine komplexe Denkweise, die sein Wahrsagungsvermögen völlig überstieg.

Arme Frau! Sie sah, wie ihr ruhiges Leben unwiderruflich an ihr vorbeiglitt, und das Problem, vor dem sie jetzt stand, war, wie sie Mr. Macfarlane wissen lassen konnte, dass sie nicht ganz der Gnade ihres Bruders ausgeliefert war, dass sie etwas in Reserve hatte, ohne ihn eine Ahnung davon zu lassen Was war das für ein Ding?

Die Unmöglichkeit, dies zu tun, wurde ihr abwechselnd mit ihrer Wünschbarkeit vor Augen geführt, dann verband sie ihren geheimen Gedanken mit seinen offenen Worten und sagte mit fester Stimme: „Ich werde den Verkauf ablehnen." Mr. Macfarlane war immens überrascht, aber als er sich vorstellte, dass sie lediglich dem Rat folgte, den er ihr gegeben hatte, fühlte er sich auch geschmeichelt. Um Rat zu fragen bedeutete im Allgemeinen, dass man sich im Voraus eine Meinung bildete und sich die Gründe dafür und dagegen anhörte, wenn es zu spät war, etwas zu ändern.

„Ich bin mir sicher, dass du Recht hast", sagte er und wurde ihr gegenüber warm, „und alles, was ich tun kann –"

„Sie können die Miete erhalten und an mich weiterleiten", sagte sie, „sobald die Wohnung vermietet ist. Ich muss Zeit haben", sagte sie mit leicht zitternder Stimme, „um meine Sachen zu ordnen und wegzuräumen." Mr. Macfarlane war amüsiert über ihren schlichten Glauben daran, dass man im Handumdrehen einen begehrenswerten Mieter hervorbringen kann.

Er lachte ein wenig. „Es wird eine Weile dauern, Mrs. Dorriman, bis Sie genau die Person gefunden haben, die Sie wollen, auf jeden Fall einige Wochen. Ein Schritt wie dieser kann nicht überstürzt erfolgen – Sie selbst werden Zeit brauchen."

„Ja, wenn ich es bekommen kann", erwiderte sie und sprach ihre Gedanken laut aus.

„Kommen Sie und essen Sie mit meiner Frau etwas zu Mittag", sagte er freundlich; „Sie wird dich willkommen heißen, das weiß ich."

Frau Dorriman nahm die angebotene Freundlichkeit an und folgte ihm in das gemütliche Zimmer, wo Frau Macfarlane mit fünf Kindern gefunden wurde; die im Handumdrehen vorgestellt und wieder entlassen wurden.

Mrs. Macfarlane war eine dieser angenehmen, fröhlichen und freundlichen Frauen, die die Sonnenseiten des Lebens am meisten sehen. Sie war eine geliebte Tochter, eine vergötterte Ehefrau und eine verehrte Mutter gewesen. Ihr Mann trug alle seine Sorgen und Sorgen zu ihr und erleichterte sie dadurch. Sie hatte eine scharfsinnige, kluge Art, die Dinge zu betrachten, und war so sehr in ihren Mann und ihre Kinder vertieft, dass sie keine Zeit für Freundschaften außerhalb der Gesellschaft hatte. Ihr Hauptfehler (so wie Unvollkommenheit in mancher Form nur menschlich ist) war ihre Intoleranz gegenüber imaginären Leiden und der Mangel an Realität in jeder Form.

Sie glaubte, dass das Leben nicht durch die tatsächlichen Umstände so unnötig schwer gemacht wurde, sondern durch die Art und Weise, wie mit diesen Umständen umgegangen wurde.

Wo Gesundheit und Kraft vorhanden waren, sah sie keine Not in der Selbstverleugnung derer, die sie liebte. Sie hatte keinerlei Verständnis für Menschen, die akut unter dem litten, was sie fälschlicherweise als Verlust ihrer Würde betrachteten. Sie hatte sieben Kinder, ein sehr bescheidenes Einkommen und zwei Bedienstete. Wenn diese Bediensteten beschäftigt oder unterwegs waren oder hart arbeiteten, öffnete sie ihre eigene Haustür und sah darin keinen Schaden; So wie sie am Sonntag die Milch einnahm, wenn ihre Diener in der Kirche waren. Zu sagen, dass sie dies ohne Probleme geschafft hätte, wäre unwahr, denn alle ihre Nachbarn waren der Meinung, dass es ihr fürchterlich an dem hohen Standard an Vornehmheit mangelte, den sie besaßen.

Aber keine Frau ist konsequent, ohne eine gewisse Macht und einen gewissen Einfluss unter ihren Mitmenschen zu haben. Sie war bei ausgezeichneter Gesundheit, und ihre Fähigkeit zur Schlagfertigkeit war so bekannt, dass sich niemand einer Antwort aussetzen wollte – ihre Abwesenheit von Krankheiten verlieh ihr ein Temperament, das sie immer in eine vorteilhafte Lage brachte.

Frau Dorriman tat ihr außerordentlich leid: Allein zu sein, so wie sie war, der Welt ohne Rückgrat (wie sie es ausdrückte) gegenüberzutreten zu müssen, war für sie so, als würde man erwarten, dass ein Fisch ohne Flossen schwimmt.

Man kann sich nichts Anmutigeres und Freundlicheres vorstellen als ihr Benehmen gegenüber der armen Dame, die es so verlangte, und eine kleine Auswirkung ihres Einflusses war schon amüsant genug. Anstatt die Bank zu verlassen und den Ponywagen zu holen, ließ Mrs. Dorriman ihn mutig kommen und sie dort hinaufbringen.

KAPITEL II.

Mrs. Dorriman fuhr nach Hause, gut verpackt und in einem Glanz von Gefühlen, der schwer zu analysieren gewesen wäre. Für jemanden, der sich in der Regel in einem unentschlossenen Geisteszustand befindet, ist allein die Tatsache, zu einer Entscheidung gekommen zu sein, ein angenehmes Gefühl: außerdem hatte die arme Frau gerade in dem Moment Freundlichkeit und Freundlichkeit erfahren, die sie so dringend benötigt hatte beides – und obwohl es in direktem Gegensatz zu poetischen Ideen steht, kann man hier sicherlich zugeben, dass ihr ausgezeichnetes Essen – zierlich vorgesetzt und mit jener wahren Gastfreundschaft serviert, die nirgendwo realer ist als in Schottland und die bei Mrs. Macfarlane auffällig war sein Anteil.

Dann hatte die Unterstützung, die ein fröhlicher, ehrlicher und direkter Mensch (über alle kleinen Vorurteile hinweg und das Sehen von Tatsachen, die von allen Komplikationen befreit sind) zu geben imstande ist, einen äußerst wohltuenden Einfluss. Mrs. Dorrimans Charakter hatte in einem langen und ermüdenden Kampf gegen kleinliche Tyrannei gelitten – so wie ein zarter Schössling widrigen und grausamen Winden ausgesetzt leben und wachsen kann, aber er wird gebogen, verdreht und knorrig und schließlich verkümmert und starr in eine Richtung – ein vorhandener Beweis für die Härte, der es ausgesetzt war, als es noch zu jung war, um sich dagegen zu wehren.

Als Kind ohne Mutter und mit einem behinderten Vater war sie unwillkommen gewesen; Der um viele Jahre ältere Halbbruder hatte seine Autorität immer wieder harsch geltend gemacht. Ihr war etwas beigebracht worden, auf seltsame Weise, wie es von Außenstehenden behauptet wurde, und sie hatte einige Lektionen gelernt, die nicht dazu gedacht waren, ihr beigebracht zu werden. Von Natur aus alles andere als stark, war sie schüchtern und nervös, schreckte vor allem zurück, erwartete Rauheit, Unterdrückung und flüchtete sich in die gelähmte Gestalt ihres Vaters als den einzigen Ort, an dem sie keine Vorwürfe hören konnte. Sie wagte es nicht, Freunde zu finden, und sie unterschied nicht zwischen denen, die sie hätte gewinnen können, und denen, die sie besser nicht gewinnen sollte. Keine Dienerin blieb lange genug, um sich mit dem Kind anzufreunden, und ihre früheste Erinnerung war die Abreise ihrer Amme, die, nachdem sie einmal bestimmte Leckerbissen für sie besorgt hatte und von John Sandford empfangen wurde, auf der Stelle entlassen worden war Dieb. Mrs. Dorriman konnte sich noch daran erinnern, wie sie in dieser Nacht im kalten Kinderzimmer gezittert und wie hilflos versucht hatte, sich auszuziehen; und wie, als alles ruhig war, eine gutherzige, raue Sennerin ihr eine Schüssel Milch und ein Stück Brot gebracht hatte – und wie elend alles seitdem gewesen war, als es niemanden mehr zu tun hatte, sich um sie zu kümmern, und wie Sie hatte es dem einen oder anderen Diener zu verdanken (wie dieser versucht hatte), alles für sie zu tun. Dann eine raue Schule, in der sich niemand um sie zu kümmern schien und in der sie sich ständig in Ungnade befand, weil sie keine Lektionen kannte, die sie nicht einmal lesen konnte; die Entdeckung ihrer entsetzlichen Unwissenheit und die Demütigung, als neunjähriges Kind den Fünfjährigen zur Seite stehen und so lernen zu müssen, wie sie es taten; Der spärliche Vorrat, den sie für ihre Kleidung mitbrachte, an deren Flicken sie sich lebhaft erinnerte – eine härtere Natur hätte ihr das Leben lang verdorben. Mrs. Dorriman wuchs mit völliger Enttäuschung auf, aber sie war nicht verhärtet. Sie hatte keine Feiertage; Sie wurde Jahr für Jahr dort zurückgelassen, bis sie siebzehn war. Dann brach ein Schimmer der Freude in ihr Leben ein, denn sie wurde plötzlich nach Hause gerufen – auf Wunsch ihres Vaters – und als sie ankam, musste sie feststellen, dass er eine Kundgebung gemacht hatte und dass John Sandford nicht da war.

Ihr Vater konnte kaum sprechen, nicht einmal unartikuliert. Sie konnte sich noch daran erinnern, wie er ihr schäbiges Kleid staunend berührte und wie sie, fast wie in einem Märchen, plötzlich im Besitz von Dingen war, von denen sie nie zu träumen gewagt hätte.

Sein einziges Glück schien darin zu bestehen, sie zu sehen und in seiner Nähe zu haben. Ein paar Monate vergingen so – sehr wenige. Sie war im Spätherbst schlecht gekleidet angekommen und hatte unter der bitteren Kälte und dem bitteren Wind gelitten; Als die Schneeglöckchen noch blühten und die ersten Bäume noch Knospen trugen, starb er plötzlich; Er schenkte ihr kurz vor seinem Tod eine kleine Hülle, in der sie ein schöneres, schöneres Abbild ihrer selbst sah – ihre Mutter.

Sie hatte ihn mit all der Liebe geliebt, die noch nie zuvor ein Ventil gehabt hatte. Die folgenden Tage waren wie ein schmerzhafter Traum. Was sie hatte, was ihre Position war – von alledem wusste sie absolut nichts. Das Einzige, woran sie sich klammerte, war das alte graue Haus mit den großen Buchen, Platanen und Weißtannen, auf dem die Eichhörnchen (obwohl sie böse Kobolde waren) so anmutig hochliefen. Das Meer – der Freund aller, der den Trostlosen Gesellschaft und Musik schenkt und die Herzen derer erfreut, die unbeschwert genug sind, seine funkelnden Stimmungen zu genießen – dieses Meer war jetzt ihr Freund. Im Wald umherwandern und auf ihn herabblicken; den salzigen Sprühnebel ihr Gesicht berühren zu lassen, während er auf den Felsen zerbrach. – Sie liebte es in jeder Stimmung und fand dort etwas von dem Trost, den ihr das Fehlen einer intimen Religion vorenthielt, das bloße Erlernen einiger Verse, das Kapitel, die morgens in dumpfem Ton von einem zitternden Lehrer im feuerlosen Schulzimmer gelesen wurden; wo aus wirtschaftlichen Gründen das Feuer (im Allgemeinen mit feuchten Stöcken angezündet, das kaum etwas anderes als Rauch erzeugte) nicht einmal mit einem Streichholz angezündet werden durfte, bis alle Mädchen dort versammelt waren.

Dies war ihre religiöse Unterweisung gewesen; und da die Kirche sehr weit von ihnen entfernt war, gingen sie selten hin, und wenn sie gingen, war der Weg zu lang für sie und sehr schmerzhaft wegen der Frostbeulen, die ihr viel Leid bereiteten; so dass Kälte und Schmerz die Haupteindrücke waren, verbunden mit einem Gefühl der Müdigkeit, das sie in der Kirche halbwach zurückließ und ihre ganze Energie darauf verwendete, die Tatsache ihrer Schläfrigkeit zu verbergen.

Dann, eines Tages, als sie aufs Meer blickte, einige Monate nach dem Tod ihres Vaters, waren Mr. Dorriman und ihr Bruder gekommen, als sie den Hut abgenommen hatte und der vage Wunsch, sie hätte etwas, auf das sie sich freuen könnte, auf ihr lastete .

Anstelle des üblichen spöttischen Tons, in dem John Sandford seine Schwester ansprach, erschrak sie, als er hörte, wie er höflich sprach. Die Überraschung verlieh ihr einen strahlenden Glanz, der ihr Gesicht mit Farbe überzog und es aufhellte. Mr. Dorriman fand sie hübsch. Ihre sanfte Hilflosigkeit war eine weitere große Anziehungskraft, eine Anziehungskraft, die mit jeder täglichen Bekanntschaft zunahm. Ohne völlig zu verstehen, wie alles zustande kam, fand sie sich in Mrs. Dorriman wieder und war damit zufrieden, der Rauheit und Unfreundlichkeit zu entkommen, die alles war, was sie jemals von der brüderlichen Bindung kannte. Anfangs war sie nicht unglücklich gewesen. Mr. Dorriman liebte sie so sehr und umgab sie so sorgfältig mit Trost und Freundlichkeit, dass sie mehr als zufrieden war, obwohl sie nicht im Geringsten in ihn verliebt war. Doch bald kamen Schatten. Als Mann mit beträchtlichem Vermögen war er unglücklicherweise von wohlhabenden Männern umgeben. Er argumentierte, dass er das Gleiche tun könne, wenn die Menschen um ihn herum gigantische Vermögen machten – und dabei die wichtige Tatsache außer Acht lassen, dass sie eine kaufmännische Ausbildung hatten und er nicht. Er stürzte sich in jede Gelegenheit, in der er eine Chance auf Erfolg zu sehen glaubte; Verluste machten ihn nur sicherer für den Erfolg in einer neuen Richtung. Er war aufrichtig, ehrenhaft und überaus gutherzig. Er verstand sich wirklich nicht auf Geschäfte und stellte sich vor, dass er in ein paar Tagen Details beherrschen könnte, mit denen andere Männer ihr ganzes Leben lang studiert hatten – und in dieser Idee bestätigte ihn John Sandford. Nach sieben Jahren voller Ängste, Hoffnungen und Ängste war seine Gesundheit durch allzu große Sorgen ruiniert, sein Vermögen gebrochen und er war nicht in der Lage, seine Frau vor den Folgen zu schützen. Dass sie ihn nie geliebt hatte, wusste er und wusste es schon lange. Aber er hatte von ihr etwas über ihr Leben und die Abwesenheit von Glück gelernt, die sie zu dem gemacht hatte, was sie war. Auch gegen John Sandford hatte er so manches Ergebnis zu verbuchen, dass er nur leben konnte, um sie zu begleichen. Es gab vieles in den Transaktionen zwischen ihnen, das er nicht verstehen konnte, und wenn er jetzt im Lichte seiner Fehlschläge zurückblickte, war er, ganz abgesehen von seinen eigenen Spekulationen, davon überzeugt, dass er Grund zu der Annahme hatte, dass sie nicht fair oder richtig gewesen waren . Aber diese Überzeugung kam ihm zu spät; Bevor er mehr getan hatte, als Notizen zu sammeln und Briefe zu tabellieren, wurde er von einem Fieber heimgesucht, das seine Konstitution nicht ertragen konnte, und Mrs. Dorriman war mit fünfundzwanzig Jahren eine Witwe, der Gnade der Welt und ihres Bruders ausgeliefert.

Dieser kleine Ort in Inchbrae hatte ihr Mann für sie gekauft, als er merkte, wie sehr das Meer in ihre Gedanken eindrang und wie sehr sie es liebte, und er ging dorthin, um zu sterben, und hinterließ ihr, wie er dachte, ein Zuhause und ein Zuhause sie gefallen.

Nachdem Mrs. Dorriman jedoch gedacht hatte, dass noch nicht alles verloren sei, also hatte sie es, erfuhr sie erst später, dass sie nach Belieben als Mieterin dort war; Das Anwesen gehörte ihr, aber alles andere war in die Hände ihres Bruders übergegangen, weil dieser einen Anspruch auf das Eigentum ihres Mannes hatte, und sie hatte keinen Penny!

Der letzte Schlag vervollständigte ihr hilfloses Gefühl der Empörung über die Geschäftsunfähigkeit ihres Mannes. Der Test für die Liebe einer Frau ist, wie wir bereits sagten, Widrigkeiten, und die arme Frau Dorriman hatte von Anfang an nie Liebe. Sie besaß ihre Seele in Geduld vor der Welt, aber nur vor der Welt; im Geheimen war es ein einziger, lange andauernder Protest gegen ihr Schicksal. Tief in ihrem Herzen hatte sie das Gefühl, dass sie ihren Anteil an der Abmachung nicht erhalten hatte, auch wenn sie es sich selbst gegenüber nicht so deutlich aussprach. Sie hatte geheiratet, um der Macht ihres Bruders zu entkommen, und sie war eine pflichtbewusste, wenn nicht sogar eine liebevolle Ehefrau gewesen, und nun war sie mehr in den Händen ihres Bruders als je zuvor! Mehr noch, weil sie eine stolze Frau war und ihr Bruder ihr deutlich klar machte, dass er vieles, was in Bezug auf die Geschäfte ihres Mannes schmerzhaft war, von ihm vorbringen könnte, wenn er sich dazu entschloss.

Es war gerade zu diesem Zeitpunkt, als ein hilfloses Gefühl des Verlustes sie überall erfüllte und sie sehr elend machte und sie alles zusammennahm, um zu gehen, da stieß Mrs. Dorriman auf eine ganze Kiste voller Papiere, allesamt ein paar Briefe markiert und in der richtigen Reihenfolge angeordnet, Quittungen und andere Dinge.

Die großartige Geschäftsidee des armen Herrn Dorriman bestand darin, jede Zeile, die er jemals erhalten hatte, aufzubewahren und zu dokumentieren, sowie Kopien von vielem, was er schrieb.

Seine Witwe betrachtete diese Dokumente mit dem Schmerz, mit dem wir die Überreste einer Hand sehen, die nicht mehr da ist. Tatsächlich hatte sich die schwache Zuneigung, die sie zu ihm hegte, seit dem Tod ihres Mannes verändert. Sie war empört, als sie an seine geschäftliche Unfähigkeit dachte, aber sie vermisste seine Freundlichkeit und bedauerte ihn mit jedem Tag mehr, denn jeder Tag zeigte ihr, wie sehr er sich um sie gekümmert hatte.

Sollte sie diese Papiere verbrennen oder nicht? Schüchtern, wie sie von Natur aus war, schaute sie sich um und sah in diesem Moment ihren Bruder auf das Haus zukommen. Aus Angst, er könnte sich über ihre Sentimentalität lustig machen oder etwas sagen, was sie verärgern könnte, weil sie sie ansah, schob sie hastig die Kiste unter das Sofa und setzte sich, nichts verbergen wollend, sondern nur vor dem einen Gedanken, dass, wenn er Als er sie mit den alten Briefen vor sich sah, könnte er sie irgendwie verletzen.

Der Besuch ihres Bruders brachte ihr zum ersten Mal die Erkenntnis, dass sich in dieser Kiste Dokumente befinden könnten, die für ihren Mann und sie wichtig waren.

Nachdem er sich ein oder zwei Augenblicke hingesetzt hatte, stand er auf und bewegte sich ruhelos umher, und dann sagte er:

„Ich muss ein paar Papiere finden. Wo hat Ihr Mann seine Papiere aufbewahrt?" Ohne eine Antwort zu erwarten, sagte er: „Oh, ich weiß, in seinen Schreibtischschubladen ." Und ohne darauf zu warten, dass sie etwas sagte, ging er in das Zimmer ihres Mannes, und sie hörte, wie er die Tür abschloss.

Mrs. Dorriman erhob sich, füllte den Rock ihres Kleides mit einigen Papieren und machte sich schweigend und nacheinander auf den Weg in ihr eigenes Schlafzimmer, wo sie alles verbarg, hastig ein paar Stränge Kammgarn in die leere Schachtel warf und sich wieder hinsetzte runter. Sie wusste nichts – aber es musste einen Grund für die Angst ihres Bruders geben, und sie hatte durch seine Hand so viel gelitten, dass ihr ganzer Instinkt auf Selbstverteidigung ausgerichtet war.

Aber eine schüchterne Frau verhält sich nicht zum ersten Mal in ihrem Leben so, ohne etwas von der Aufregung zu verraten, in die sie dadurch geraten war.

Als Mr. Sandford mit wütenden und verwirrten Augen zu ihr zurückkam, sah er etwas in ihrem Gesicht, das seinen Verdacht weckte. Den Verdacht in Worte gefasst zu haben, hätte sie vielleicht geweckt, aber von diesem

Moment an war der Traum der armen Frau von einem friedlichen Leben in Inchbrae, ohne jemanden zu fürchten, ein Traum, der jeder Grundlage entbehrte. Er ging ein oder zwei Tage später weg, und sie wiegte sich in einem Gefühl der Zufriedenheit. Sobald Mr. Sandfords Pläne geschmiedet waren, rief er sie zu sich nach Hause, obwohl es Wochen und Monate dauerte, sie in die Tat umzusetzen. Er war sich sicher, dass sie diese Papiere verborgen hatte, und beschloss, einen solchen Einfluss auf sie auszuüben, der ihm die Macht geben würde, sie selbst in die Hände zu bekommen, wenn sie dort wären.

In der Zwischenzeit erschienen die Früchte ihrer Besuche bei den Macfarlanes in dem Brief, den sie am nächsten Tag an Mr. Sandford schickte.

> „ LIEBER BRUDER ", schrieb sie,

> „Ich bin durchaus bereit, eine Zeit lang das Haus für Sie zu behalten, aber ich werde mein Haus vermieten und es lieber nicht verkaufen; mir gefällt der Ort und ich möchte mich nicht davon trennen."

> „Wenn ich meine Vorbereitungen getroffen habe, werde ich mit meiner Magd zu Ihnen gehen. Ich werde Ihnen noch einmal schreiben, wenn ich den Tag und die Stunde weiß, an dem ich abreisen kann."

> „Du bist liebevoll

> „ SCHWESTER SUSAN ."

Sie fühlte sich glücklicher, als sie so mutig ihre Entscheidungsfreiheit geltend machte.

Zwei Tage kamen und gingen, zwei schöne Herbsttage, an denen die arme Frau Dorriman, anstatt sich auf die Abreise vorzubereiten, durch das kleine Örtchen schlenderte, in dem ihr jeder Winkel und jede Ecke zu jeder Zeit süß und doppelt lieb war jetzt ging sie weg. Am späten Nachmittag des dritten Tages ging sie die Brandungsseite hinunter, blieb immer wieder stehen, um mit neuer Bewunderung die Landschaft um sie herum zu betrachten, und beobachtete das Purpur, das auf den fernen Hügeln blühte, während die Abendschatten herabfielen, ein Purpur Ein Hauch, der sich im Meer widerspiegelte, außer dort, wo ein goldener Glanz am Himmel leuchtete und unten noch mehr gebrochene Lichter aufleuchteten; Die Sonne stand tief hinter den Hügeln, und schwere Wolken, die von bevorstehendem Regen kündigten, senkten sich in schönem Kontrast zu dem lebhaften Licht, das zwischen ihnen und den Hügeln lag. Die Seevögel waren aufgeregt und unruhig; Aus dem offenen Meer zu ihrer Linken ertönte dieses heisere, seltsame Murmeln, das wie ein unbarmherziges Schicksal über die Meerestiefe raste. Das Licht verblasste, wurde immer schwächer, während die Wolken herabzogen, der Wind wurde heftiger und alles deutete auf einen bevorstehenden Sturm hin.

Frau Dorriman sah, wie die Regenwolken in der Ferne aufplatzten und herabströmten; Sie konnte sich nicht bewegen, diese seltsame Vorahnung kommenden Unheils, die wir Vorahnung nennen, ließ sie an der Stelle festkleben. Sie hörte sich selbst rufen, sie wollte sich nicht umdrehen, sie wusste, wenn sie sich umdrehte, würde sie umso eher hören, was sie nicht hören wollte. Dann kam ihre treue Magd, das Geschöpf, das sich mehr um sie kümmerte als alle anderen, auf sie zu und berührte sie.

„Der Junge wartet", sagte sie atemlos angesichts der Geschwindigkeit, die sie benutzt hatte. „Hier ist ein Telegramm, und oh mein Lieber, es sind ganze neun Schilling zu bezahlen. Es ist kein Fehler – es steht darauf vermerkt. Ich hoffe, es ist das ganze gute Geld wert."

Mrs. Dorriman hielt das Telegramm in der Hand und ging schnell den Weg hinauf und in ihr eigenes Zimmer.

Bevor sie hineinkam, hatte es auf sie geregnet, und zwar mit einer Heftigkeit, die der Wind noch zu verstärken schien, als er gegen die Fenster prasselte. Als ihr Fuß auf der Treppe stand, ließ Mrs. Dorrimans freundliche Art sie sagen:

„Sei gut zu dem Jungen, Jean; er kann dem Sturm eine Weile nicht standhalten."

Jean, eine dieser lieben alten Frauen, deren Freude es ist, sich um die Bedürfnisse anderer zu kümmern, und die nie glücklicher war, als wenn sich die Gelegenheit dazu bot, ging glücklich in die Küche und war bald damit beschäftigt, „ein feines Abendessen zu kochen". „Brühe für ihn" und noch andere Dinge – als sie einen Schrei hörte.

Jean stellte die Brühe vor sich hin und schloss sorgfältig alle Türen, damit er als Außenstehender nichts hörte, und eilte nach oben. Mrs. Dorriman saß auf dem Sofa und sah bleich und elend aus. Das offene Telegramm lag auf dem Boden. Sie hatte es weggeschleudert, so wie wir etwas wegschleudern, was uns wehtut, und als Jean hereinkam, ergriff sie ihren Arm und zeigte darauf.

Jean hob es hoch und las Folgendes:

„Ich habe das Haus verkauft, und Sie müssen nächsten Samstag um sechs Uhr hier sein – unbedingt. Der neue Besitzer wird an diesem Tag dort sein. Kein Dienstmädchen oder sonstiger Diener kann hierher kommen."

Jean las und las noch einmal – sie verstand zunächst nicht alles. Dann stieg in ihr eine Empörung und ein ganzer Sturm gerechten Zorns auf.

Sie legte ihre Arme um die arme Frau Dorriman, und sie vermischten ihre Tränen miteinander.

Als Antwort auf Mr. Sandfords Telegramm gingen einige Worte zurück:

„Ich werde am Samstag kommen, wie ich kommen muss."

Diese Nachricht wurde viele Stunden lang nicht verschickt. Der Junge hatte keine große Eile, das komfortable Quartier zu verlassen, in dem er sich befand, und kam zu spät zurück, als dass die Nachricht noch in dieser Nacht hätte abgehen können.

Mr. Sandford war sich darüber im Klaren, dass seine Schwester sich nicht auf so ungewöhnliche Weise durchgesetzt hätte, wenn sie nicht aus einer ihm unbekannten Quelle Mut und Kraft gewonnen hätte, und hatte nach Erhalt ihres Briefes eine schlaflose und unruhige Nacht verbracht.

Im Umgang mit Mr. Dorriman gab es so viele Dinge, die gegen ihn wirken könnten. Er war ein zu vorsichtiger und zu kluger Mann, um selbst ein Wort zu Papier zu bringen, das sich jederzeit gegen ihn auflehnen könnte. Aber er kannte Mr. Dorrimans Vorgehensweise; Er wusste, dass die einzige geschäftsmäßige Angewohnheit, die er hatte, die ordentliche und sorgfältige Art war, alle seine Papiere zu dokumentieren und zu archivieren. Wie oft hatte der arme Mann nicht auf diese sorgfältig gefalteten und mit Initialen versehenen Zettel gezeigt, als Beweis dafür, wie ganz die Natur ihn für einen gründlichen Geschäftsmann vorgesehen hatte?

Obwohl Mr. Sandford mit seiner fließenden Sprache und seiner großen Redekraft ihn in einem Streit immer widerlegen konnte, wie oft hatte er sich selbst unwohl gefühlt, wenn ein Papier, das er völlig vergessen hatte, plötzlich mit seinem Anfangsbuchstaben wieder auftauchte und Notiz, die zeigt, worauf sie sich bezog, außen in einem schönen, klaren Stil geschrieben.

Ein Buch, und zwar nur eines von Bedeutung, hatte er in den Schreibtischschubladen gefunden. Dieses Buch war eine sorgfältig zusammengestellte Liste der Papiere, die Herr Dorriman für wertvoll oder von Bedeutung hielt. Es wurde in jener merkwürdig sauberen und präzisen Handschrift geschrieben, die man im Allgemeinen bei denen findet, die nichts zu tun haben und dies methodisch tun.

Die gesamte Geschäftsauffassung von Herrn Dorriman beruhte auf dieser geordneten Art und Weise, Papiere zu führen; seine Verluste und seine Gewinne waren für ihn alles Unbestimmte. Er hoffte, etwas zu bekommen, indem er Anteile an dem einen oder anderen Unternehmen erwarb, und er glaubte bedingungslos an das, was auch immer es gerade war; war nicht nur begeistert, sondern ermüdete seine Freunde auch durch die Art und Weise, wie er in unpassenden Momenten das Hobby der Stunde einführte, das darin bestand, sein eigenes Vermögen so vollständig zu machen, dass sein gutes Herz wollte, dass alle seine Freunde auf die gleiche Weise reich würden .

Die unmittelbare Ursache seines Scheiterns war eine Teppichmanufaktur gewesen. Unnötig zu erwähnen, dass er keinen Teppich vom anderen kannte, aber es genügte ihm, dass andere Leute ihn kannten. Wolle war überall auf den Hügeln um ihn herum, und auf jedem Muir gab es noch immer die gleichen primitiven Farbstoffe unserer Vorfahren.

Das Cluny-Macpherson-Plaid ist das erste und primitivste aller Tartans und enthält bei seiner Herstellung nur die natürlichen Farben der Wolle – die Blüte und die Wurzel des Heidekrauts.

Herr Dorriman hatte den Ehrgeiz, Teppiche nach dem gleichen Prinzip herzustellen, bei dem nur Schwarz und Weiß, Lila und Gelb kombiniert werden sollten.

Seine erste Ausgabe waren natürlich Maschinen; seine zweiten Lagerhäuser; Sein dritter Versuch bestand darin, zu experimentieren, wie man den Purpur auf zufriedenstellende Weise und mit geringem Aufwand aus den Hügeln gewinnen kann. Dann kam ihm der Gedanke, dass es eine großartige Idee wäre, die Wolle selbst anzubauen! und es wurden große Mengen an Schafen gekauft – ohne viel Bezug auf deren Haltung – und seine erste Erfahrung im Zusammenhang mit ihnen war, dass sie, da sie selbst nicht genügend Rüben hatten, die Rüben ihrer Nachbarn nicht unnatürlich belagerten, und zwar so wirkungsvoll, dass schwere Schäden entstanden musste erfüllt werden. Dann hatte er nicht berücksichtigt, dass es in seiner Nähe keine Eisenbahn gab – und er musste Karren beschaffen, um Treibstoff für die Versorgung seiner Lokomotiven zu transportieren.

Hier wird im Singular von ihm gesprochen, aber fünf Personen schlossen sich ihm bei diesem Unternehmen an. Es gab einige Teppiche, die nach dem Prinzip primitiver Farben ohne besonderes Muster hergestellt wurden; Sie waren aus bester Wolle gefertigt und würden wahrscheinlich lange getragen werden, aber ihre Hässlichkeit war ihr hervorstechendstes Merkmal; Ihre Herstellung kostete enorme Geldsummen, und das Ergebnis einer dreijährigen schwierigen Existenz war, dass er sein eigenes Haus, sehr gegen die Neigungen seiner Frau, mit Teppichen auslegte, den anderen Mitgliedern bestimmte Teppiche zur Verfügung stellte und einige davon mit Verlust verkaufte. und zusammenbrechen. Herr Dorriman gehörte nicht zu den Männern, die, weil sie in einem Moment extrem zuversichtlich sind, in einem anderen entsprechend deprimiert sind. Er ertrug Enttäuschungen mit unbeirrbarer guter Laune und war so sofort an einem neuen Plan interessiert, dass das Gefühl des Scheiterns nie lange auf ihm ruhte. In diesem Fall war er jedoch ernsthaft betroffen, sei es aus gesundheitlichen Gründen oder aus einer nicht erkennbaren Ursache. Obwohl er es nicht wusste, war er der einzige der sechs Investoren, der über Immobilien verfügte, und die Folge war, dass der gesamte Verlust auf seinen unglücklichen Schultern lastete.

Seine Gedanken richteten sich auf Inchbrae, das kleine Anwesen seiner Frau. Dorthin ging er und dort starb er; Und erst dann, wie bereits gesagt, ergriff seine Frau einen Anflug von Vorwurf wegen ihres Mangels an Verständnis, und sie hatte ihn zärtlich geküsst.

Der Eintrag in seinem Buch, der Herrn Sandfords Frieden störte, war kein schriftlicher Eintrag, sondern etwas, das leer gelassen wurde. Nachdem ich verschiedene Papiere ausführlich dargelegt hatte, kam Folgendes:

BRIEFE VON JOHN SANDFORD.

1. Über die kaputten Zäune bei Ardenthird.

2. " Verkauf von Lärchenstangen.

3. „Ratschläge zum Thema Wolle.“

4. Papiere und Notizen seines Gesprächs über das Geld meiner Frau.

5. Wörtlich verfasste Memoranden zum gleichen Thema.

6. Beglaubigte, wörtliche Kopien zum gleichen Thema.

7. Beglaubigte Kopien, wörtlich, zum gleichen Thema.

8. Konversation Wort für Wort transkribiert.

9. Es ist mir nicht gelungen, das Testament meines Schwiegervaters einzusehen.

10. Kopie des Papiers ... alter Mr. Sandford.

Worauf bezogen sich all diese letzten Memoranden? Er hatte das Testament nicht gesehen. Von welchem Papier hatte er eine Kopie, und warum hatte er dieses Papier kopieren lassen und wer hatte es für ihn kopiert? Dieses Buch, das John Sandford mit sich trug, erfüllte ihn mit endloser und intensivster Angst. Sein eigenes Gewissen sprach von tausend Dingen, tausend Transaktionen zwischen ihnen, die nicht ans Licht kommen durften. Die Unbestimmtheit des Ganzen machte ihm zusätzlich zu schaffen.

Tagsüber lastete dieser Ärger auf ihm, aber nachts wurden diese Schatten zu echten Ängsten. Er quälte sich vergebens. Sechster und siebter sind alle leer. Diese ungeschriebenen Worte könnten für ihn von schrecklicher Bedeutung sein, denn wie alle Menschen in der einen oder anderen Ecke ihren Ehrgeiz haben, hatte auch John Sandford seinen Ehrgeiz: zu ihm aufzuschauen und respektiert zu werden. Er war wohlhabend, aber er erinnerte sich gut genug an die alten Zeiten, um zu wissen, dass bloßer Reichtum nur äußerlichen Respekt bringen würde und dass der Charakter dort die wahre Macht war, in dem Land, in dem er sich nach Macht sehnte. Denn Macht war das, was er wirklich liebte; Er liebte das Gefühl, dass sein Wille Gesetz sei, und bis seine arme Halbschwester geheiratet hatte, hatte er ihr dieses Gefühl vermittelt, so wie er versucht hatte, es auch allen anderen zu vermitteln. Als er ihre Antwort erhielt, war er völlig außer sich; Der geringste Widerstand gegen seinen Willen machte ihn umso entschlossener, ihn durchzusetzen, und er wusste sofort, dass sie auf eine ihm unbekannte Weise Kraft gesammelt hatte. In ihrer Antwort lag eine sowohl neue als auch unerwartete Selbstbehauptung. Umso mehr war er entschlossen, dass sie unter sein Dach kommen sollte. Es gab noch einen anderen Grund, den er jedoch erst dann für einen Grund hielt, als ihm klar wurde, wie wünschenswert es war, dass sie unter seiner unmittelbaren Aufsicht stand.

Herr Sandford hatte in Indien geheiratet, doch da seine Frau innerhalb eines Jahres starb und niemand sie jemals in Schottland gesehen hatte, geriet diese Tatsache oft völlig in Vergessenheit.

Wie sich seine Ehe letztendlich entwickelt hätte, kann niemand sagen, aber es war der einzige mildernde Einfluss in seinem Leben, und der einzige wirkliche Kummer war der Verlust seiner Frau. Sie hatte eine Zwillingsschwester, die vor ihr starb und zwei kleine Mädchen hinterließ, und die einzige Bitte, die sie äußern konnte, war, dass er sich ihr zuliebe immer mit diesen Kindern anfreunden würde; sie ließ ihn das versprechen. Unter den mildernden Einflüssen des Augenblicks hatte er ihren Verwandten geschrieben, ihnen sein Versprechen mitgeteilt und ihnen seine Absicht versichert, sein Wort zu halten, wenn er dazu aufgefordert würde.

Nachdem er dies getan und Briefe zum Ausdruck seiner Dankbarkeit erhalten hatte, vergaß er sie so vollständig, als gäbe es keine solchen Kinder.

Vier Jahre vor der Zeit, als Frau Dorriman weinend in Inchbrae in den Armen ihres treuen Jean saß, erhielt Herr Sandford einen Brief, in dem es hieß, die kleinen Mädchen seien jetzt Waisen und ihre Umstände seien nicht so gut, wie es sein könnte sein, und als Folge seines Versprechens (siehe Kopie des Briefes liegt bei) schrieb ihm die alte Dame, die sich um sie gekümmert hatte, um Hilfe und Rat.

Und er gab beides und half ihnen in der Schule, und jetzt, als diese Mädchen 18 bzw. 16 Jahre alt waren, wurde er noch einmal gefragt, auf welche Weise er sich mit ihnen anfreunden wollte und ob sie ihn vielleicht noch um Rat und Hilfe bitten könnten?

KAPITEL III.

Mr. Sandford hatte über seinen Bankier die kleinen Zahlungen vereinbart, die jährlich für die beiden Kinder Grace und Margaret Rivers erforderlich waren, und hatte seitdem nie mehr darüber nachgedacht. Ihr eigenes Geld hatte seine Zahlungen in geringem Umfang geleistet, obwohl etwas notwendig gewesen war, und die Zahlung dieses Etwas war für sein Verständnis dessen, was sein Versprechen an seine Frau bedeutete, ebenso notwendig wie für das Wohlergehen und Wohlergehen der Kinder selbst . Nachdem er seine Pflicht erfüllt hatte, war sein Geist beruhigt; er hatte sein Versprechen gehalten und es hatte ihm keine Unannehmlichkeiten bereitet. Er war im Wesentlichen ein Mann, der glaubte, dass alle Verpflichtungen durch Geld in irgendeiner Form zunichte gemacht werden könnten. Wenn er in die Kirche ging, was er nur tat, weil es das Richtige war, gab er einen großen Teil, nämlich den gesamten Umfang der Almosen, die von ihm in dieser einen Gabe erwartet wurden. Er gab immer die gleiche Summe und hatte dann das Gefühl, seine Pflicht getan zu haben, aber er konnte nie verstehen, warum die Leute manchmal von der „Seligheit des Gebens" und von „einem Glanz der Befriedigung" sprachen. Er verspürte keine Freude, und da er von Natur aus kein großzügiger Mensch war, empfand er es als etwas Unangenehmes, etwas zu geben; es wäre noch unangenehmer gewesen, wenn er weniger zu geben gehabt hätte; Auch wenn es so war, missbilligte er es und betrachtete es als einen sehr ermüdenden Teil seiner Position.

Als er den Brief erhielt, in dem er nach seinen zukünftigen Wünschen für die Mädchen gefragt wurde, war er sehr verärgert. Ihm ging es nicht gut, er hatte sich erkältet, und da er ein Mann war, der nie die geringste Rücksicht auf seine Diener nahm, hatte er keine alten Diener. Es gab niemanden in seinem Haus, der sich für ihn interessierte; er war ihr Zahlmeister und Zuchtmeister, mehr nicht. Seine Erkältung wurde fieberhaft und er war wirklich krank, so krank, dass er zum ersten Mal seine Einsamkeit spürte. Als er klingelte, wurde seine Glocke sofort beantwortet, und die Kleinigkeit, die er wollte, wurde ihm mehr gegeben, weil er einen Vorwand brauchte, jemanden in seiner Nähe zu haben, und sei es auch nur für einen Moment, als aus einem wirklichen Bedürfnis heraus; er lag einsam da und empfand seine Einsamkeit schrecklich. Die unbestimmte Angst um seine Halbschwester, die schattenhaften Ängste davor, was diese Lücken in der Liste bedeuten könnten, quälten ihn. Es gibt ein altes und erbärmliches Sprichwort, dass Taten der Güte die hellsten Lampen am Sterbebett eines Menschen seien, aber er hatte keine solchen Lampen; er hatte für sich selbst gelebt; er konnte sich an nichts erinnern, an keine Worte der Dankbarkeit, denn er hatte keine verdient; schlimmer noch, er war nicht immer gerecht in seinem Handeln gewesen. Dann kam dieser Brief und es gab eine neue Komplikation.

Am nächsten Tag ging es ihm schlechter als je zuvor; Die ganze Nacht über waren seine Ängste übertrieben gewesen und hatten ihn wach gehalten, und am Morgen wurde der Arzt gerufen – zum ersten Mal wollte er einen. Als er kam, fiel ihm auf, wie trostlos und unbehaglich die Umgebung des reichen Mannes aussah; seine Diener hatten zu große Angst vor ihm, um einen unnötigen Moment in seiner Gesellschaft zu verbringen; Der Kontrast zwischen bezahlten Diensten und Diensten, die aus Liebe und Zuneigung erbracht wurden, war verblüffend für einen Mann, der die Armen in ihren Stunden der Krankheit sah und die Zärtlichkeit des Herzens und die Fürsorge unter ihnen sah, wie grob sie auch sein mochte. Er wusste wenig über den Mann vor ihm, außer dass er seinem Schwager und der Halbschwester gegenüber, die er früher so oft an der Seite seines Vaters gesehen hatte, ein harter Mann gewesen war; aber er war voller Mitleid mit ihm und für seinen Mangel an weiblicher Fürsorge und Freundlichkeit.

„Man sollte irgendwie weiblich sein", sagte er. „Du bist nicht so krank; du wirst das schon überstehen; aber du könntest wieder krank sein und du brauchst Fürsorge und Freundlichkeit. Wie schade, dass du keine Familie hast! Viele Männer würden heiraten, wenn sie nach vorne blicken und sich selbst sehen könnten." Wenn er krank ist, wird er der Gnade von Dienern und Fremden überlassen.

„Ich habe meine Frau verloren", sagte John Sandford abrupt.

„Es tut mir leid", sagte Doktor Bayne. „Das habe ich vergessen; jetzt erinnere ich mich, dass ich davon gehört habe. Nun ja, daran lässt sich nichts ändern, aber es macht einen großen Unterschied, junge Menschen um sich zu haben; junge Menschen machen einen wieder jung."

Aus purer Freundlichkeit blieb er einige Zeit, und Mr. Sandford war ihm alles andere als dankbar; er wollte den Gedanken, den ihm seine Worte gegeben hatten, selbst ausdenken. Er bat ihn jedoch, am nächsten Tag zu kommen; Sein Besuch war etwas, auf das man sich freuen konnte.

Als er ging, lag Mr. Sandford ruhig da und dachte nach.

„Junge Leute machen einen wieder jung."

Vielleicht stimmte das; er war nicht alt; Er war stark und nie krank gewesen. Er war ein kräftiger, kräftiger Mann unter sechzig, und doch sprach der Arzt, als müsse er nun mit einer Krankheit rechnen, und nach der Krankheit käme das Ende, ja, das Ende!

Die Abendschatten krochen langsam über alles; All die Stunden, seit der Arzt ihn verlassen hatte, lag John Sandford still und dachte nach, dachte an alles, was gekommen und gegangen war, an alles, was kommen und gehen könnte.

Schließlich schlief er ein und träumte im Schlaf, verursacht durch den beruhigenden Trank, den man ihm gab, seltsame Dinge; Jemand, seine Schwester, schien ihn mit etwas zu verfolgen, das ihn ständig zu überwältigen drohte, und zwei Mädchen wehrten es immer wieder ab. Er sah ihre ausgestreckten Hände und hatte eine Art Bewusstsein, dass sie ihn nicht verletzen konnte, wenn sie da waren. Der Traum war so lebhaft, dass er, als er aufwachte, sich umsah und erwartete, immer noch die Gestalt zu sehen, die ihn verfolgte. Er seufzte tief, die Realität war für ihn zu schrecklich gewesen.

Das Morgenlicht kämpfte gegen die Nachtschatten; Es war noch sehr früh, so früh, dass niemand sich rührte, außer einem schläfrigen Mädchen, dessen Aufgabe es war, das Küchenfeuer anzuzünden, und das durch den Klang seiner Glocke so erschrocken war, dass sie ihre Stöcke ohne Kohle ausbrennen ließ während sie hinging und den Glockenklöppel anstarrte, als könnte sie dort den Grund für seine frühe Bewegung herausfinden. Als sie hinsah, klingelte es erneut, der Meister musste krank sein – was sollte sie tun? Die Köchin wecken und riskieren, von ihr wütend beschimpft zu werden, oder hingehen und sehen, was er wollte? Während sie zögerte, klingelte es ein drittes Mal, und in ihrer Verwirrung tat sie beides, sie stürzte in das Zimmer der Köchin und erzählte ihr, dass die Glocke wie verrückt läutete und dass Mr. Sandford krank sei, und sie floh in atemloser Eile nach oben. und klopfte und ging hinein, in der Erwartung, ihren Herrn in einem Anfall auf dem Boden liegen zu sehen, als sie bereit war, ihre Schürze über den Kopf zu werfen und so gut sie konnte zu schreien.

„Was meinst du damit, mich warten zu lassen und nicht auf meine Klingel zu antworten?" fragte er wütend.

Sie war so überrascht, dass er überhaupt sprechen konnte, dass sie den Mund hielt, und das war das Beste, was sie tun konnte.

„Ich möchte Schreibmaterial und eine Tasse Tee", sagte er. „Wo ist Robert?"

„Ich glaube, er ist im Bett, Sir, und Mrs. Chalmers, sie ist nicht wach. Ich mache etwas Tee."

„Und wofür zum —— behalte ich Diener, wenn sie morgens alle im Bett liegen sollen?"

Das Mädchen, das sich vor seinem Verhalten fürchtete, ließ die Tür weit offen stehen, und er hatte die Befriedigung zu hören, wie sie dem Chef des

Lokals zurief: „Oh, Mrs. Chalmers, Herr Sandford, er ist nur sehr krank und er lügt nur." da und fluchen und fluchen wie alles andere.

Mrs. Chalmers, fett, vierzig, aber nicht blond, keuchte die Treppe hinauf und ärgerte sich über Robert, weil er nicht „zur Hand" war.

Herr Sandford wiederholte seine Wünsche und fügte hinzu: „Es ist höchste Zeit, dass Sie eine Geliebte haben, die sich um Sie alle kümmert, und Sie werden auch eine haben."

Mrs. Chalmers ging zu Boden, die „so verärgert" war, dass sie sich zuerst hinsetzte und weinte, dann schimpfte sie heftig mit dem Mädchen und machte jene allgemeinen und vagen Anschuldigungen, die so viel schwerer zu ertragen sind als alle eindeutigen; schimpfte Robert und das Hausmädchen, das daran gewöhnt war und ein zu dickes Fell hatte, um sich daran zu stören; und als der Tee zubereitet war, schenkte sie Mr. Sandford die erste Tasse ein, die weniger gut war als die zweite, die sie für sich selbst nahm; Dann fühlte sie sich besser und zog sich in ihr Zimmer zurück, bis das Haus „in Ordnung" war, und um schweigend über die Drohung nachzudenken, die ihr drohte, eine Geliebte zu haben, die alles in Ordnung halten sollte.

Man wird sehen, dass all diese Dinge zusammengenommen zu zwei Ergebnissen führten – dem gebieterischen Befehl an Mrs. Dorriman und einer Einladung an Grace und Margaret Rivers, Renton House zumindest vorerst als ihr Zuhause zu betrachten.

Wenn es einen großen Unterschied in der Art und Weise gab, wie diese Einladung ausgesprochen wurde, so gab es einen noch größeren Unterschied in der Art und Weise, wie sie angenommen wurde. Wir haben gesehen, wie die arme Frau Dorriman den Verlust ihrer Unabhängigkeit und die Zerstörung ihres ruhigen und friedlichen Lebens empfand.

Aber die Rivers-Mädchen hatten diesen grenzenlosen Quell der Hoffnung, der die wunderbare Kombination aus Jugend und Gesundheit darstellt; und in der Einladung, die ihnen durch den Bankier übermittelt wurde, sahen sie nur neue Freundlichkeit.

Sie waren all die Jahre auf einer sehr zweitklassigen englischen Schule gewesen; Sie hatten keine Besucher, nichts, nicht einmal Ferien, um die Monotonie des Schullebens zu unterbrechen, und die Aussicht, irgendwohin zu gehen, war aufregend.

Sie hatten dort das Unglück, in ihrer Position nur wenig über ihren Kameraden zu stehen, da ihr Vater ein Mann aus gutem Hause und ihre Mutter gute Beziehungen hatte; Sie verfügten auch über eine kleine eigene Unabhängigkeit, hundertzwanzig Pfund im Jahr, und sie waren die Mündel von Mr. Sandford, dessen Reichtum maßlos übertrieben war, wie es bei Vermögen oft der Fall ist, wenn es überhaupt nicht definiert ist.

Die beiden Schwestern, die die Schule leiteten, waren wohlmeinende, schwache und sehr unwissende Frauen, deren Bildungsmängel sie nicht als bedeutend ansahen, weil sie nur die Aufsicht führten und selbst nichts unterrichteten – obwohl sie nicht in der Lage waren, echten Unterricht zu unterscheiden von etwas sehr Oberflächlicherem.

Die Mädchen kamen mit sechs und acht Jahren dorthin; Es waren hübsche Mädchen ohne wirkliche Schönheit, aber gut genug, um teilweise von Freunden bewundert und von Feinden über ihr persönliches Aussehen herabgewürdigt zu werden. Die alten Damen liebten sie, schmeichelten und verwöhnten sie, und ihre Begleiter folgten ihrem Beispiel. Noch nie sind zwei Mädchen in die weite Welt hinausgegangen, die nicht in der Lage waren, dort eine Stellung einzunehmen. Grace war fest davon überzeugt, dass sie in gewisser Weise ein bisschen besser war als alle anderen und immer überall führen musste; und Margaret, selbst sehr sanftmütig, schüchtern und von anhänglicher Natur, sah alles aus Graces Sicht, maß alles nach Graces Maßstab, hielt sie für das schönste, klügste und wunderbarste Geschöpf, das je geschaffen wurde, und hielt es für ganz natürlich Sie sollte erwarten, immer und überall die Erste zu sein. Alles, was sie tat, kam ihr fast wie eine Inspiration vor, sie bewunderte sie, blickte zu ihr auf und hatte keinen eigenen Gedanken oder ein eigenes Gefühl außer ihr.

Die Mädchen verließen die Schule und wurden von einer Lehrerin bis nach Edinburgh begleitet. Sie waren sehr überrascht, dass ihnen dort niemand begegnete, aber sie fuhren weiter nach Glasgow, zuversichtlich, dass hier jemand kommen würde, um sie abzuholen.

Soweit sie sich erinnern konnten, hatten sie seit ihrem ersten Besuch dort nie die Schule verlassen, und selbst Grace, die unabhängig war und ihrer Meinung nach in der Lage war, alleine irgendwohin zu gehen, war deprimiert, als sie in Glasgow ankamen.

Es war ein nieseliger, dunkler Herbsttag, über allem lag die schwere Rauchwolke, die diesen wohlhabenden Ort für alle Außenstehenden so trostlos und schmuddelig aussehen lässt. Sie konnten auf beiden Seiten keine hundert Meter weit sehen, und als sie aus der Kutsche stiegen, waren sie verwirrt und niedergeschlagen.

Jeder schien zu beschäftigt zu sein, um sich um sie zu kümmern, und Grace fand es äußerst außergewöhnlich und Margaret noch außergewöhnlicher, dass ihr niemand Aufmerksamkeit schenkte. Sicher konnten sie alle sehen, wer sie war?

Nur mit Mühe bekamen sie einige Informationen und stellten fest, dass sie zu einem anderen Bahnhof und auch in Eile mussten, wenn sie den einzigen Zug erreichen wollten, der an diesem Abend nach Renton fuhr.

Müde und enttäuscht nahmen sie ein Taxi, und an diesem Tag durchquerten nicht mehr verlassene Mädchen die geschäftige Stadt als diese beiden.

Auf der anderen Station blieb durch ein Missgeschick ein Angestellter übrig, der sich um die Bedürfnisse der Passagiere der ersten, zweiten und dritten Klasse kümmerte, und auf beiden Seiten herrschte eine Menschenmenge. Grace hätte es aus Verzweiflung beinahe aufgegeben und hatte gerade noch Zeit, zu ihrem Zug zu rennen, sodass ihre Würde für den Moment sich selbst überließ.

Als sie in Renton ankamen, sahen sie sich um – niemand war da. Ihre Stimmung sank erneut erheblich, und mit aufgewühltem Temperament, das aus verletzter Selbstkonsequenz kam, stieg Grace mit ihrer Schwester in ein Taxi und kroch den Hügel hinauf zum Renton House.

Was sie erwartet hatte oder was ihre Träume gewesen waren, ist eine Frage von keiner Sekunde, denn sie verschwanden auf der Stelle. Eine kurze, baumlose Auffahrt hinauf zu einem quadratischen Haus von nicht allzu großer Größe, mit einem schönen, ehrlichen Kohlgarten daneben und dahinter – einem Feld, auf dem Haushaltswäsche flatterte, und der Stadt, rauchig und voller Fabriken darunter , das war der Palast ihrer Träume, das Renton House, in das sie bereits (zum Glück auf sehr vage Weise) ihre Lieblingsschulkameraden eingeladen hatte.

Robert, der keine besondere Kleidung trug, öffnete die Tür, führte sie in ein großes, schlicht eingerichtetes Zimmer und ging los, um Mr. Sandford ihre Ankunft anzumelden.

Er kam herein, empfing sie freundlich und forderte sie auf, sich schnell die Hände zu waschen, da das Abendessen fertig sei. Aber seine pompöse Art ließ sie kalt. Etwas darin schien ihnen so deutlich zu sagen: „Ihr habt keinen wirklichen Anspruch auf mich, aber ich gebe euch trotzdem mein Gesicht.“

Allein in ihrem Zimmer sahen sich die Schwestern einen Moment lang schweigend an; Dann sank ihr Herz, und sie vergaßen die Zeit und alles außer ihrer Enttäuschung und weinten lange und bitterlich in den Armen des anderen.

Es war charakteristisch für Grace, dass sie trotz all ihrer Sorgen und Depressionen immer noch daran dachte, ihr Kleid zu wechseln. Das Abendessen war fertig und sie wurden zweimal geholt, aber obwohl Margaret fertig war, wollte sie nicht alleine hinuntergehen; und ihre Schwester, die Eindruck machen wollte, legte Wert auf den letzten Punkt;

das richtige Binden einer Schleife und die Platzierung genau dort, wo sie den gewünschten Effekt erzielen soll.

Sie gingen nach unten und fanden das Wohnzimmer leer vor; noch tiefer ins Esszimmer, wo Mr. Sandford einen aussichtslosen Gesichtsausdruck auf der Stirn hatte.

„Weniger hätte dir vielleicht geholfen“, sagte er mit einem Blick auf die Mädchen, „während ich gewartet habe.“

„Es tut mir sehr leid“, begann Margaret, aber Grace hielt sie auf –

„Sie hätten das Abendessen vielleicht verschieben können“, sagte sie kühl, „da unser Zug so spät ankommt – es war unmöglich, früher fertig zu sein.“

Mr. Sandford starrte sie einen Moment lang aufmerksam an; ein grimmiges Lächeln huschte über sein Gesicht; aber er blickte von ihr zu ihrer Schwester, und sein Gesichtsausdruck wurde weicher. Margaret war seiner Frau sehr ähnlich – nicht so gut aussehend, wie er fand, aber ähnlich – und er war froh, und er hatte seit dieser Zeit Gefallen an ihr gefunden.

Es gab von allem reichlich, obwohl alles schlicht war. Herr Sandford sagte wenig; Grace war die Hauptrednerin, und was sie sagte, gefiel ihm nicht. Sie bemängelte die Züge, den Rauch, die Hektik und die Unannehmlichkeiten am Bahnhof. Er hörte sie eine Zeit lang schweigend, dann blickte er auf und sagte sarkastisch:

„Wenn ich daran gedacht hätte, hätte ich vielleicht einen Sonderzug für dich bestellt.“

Grace erkannte nur langsam einen Witz, der sich gegen sie selbst richtete, aber sie hatte das unbehagliche Gefühl (sehr vage), dass so etwas möglich sein könnte – bei ihm.

Das Abendessen ging weiter. Mr. Sandford beobachtete unter seinen struppigen Brauen das Mädchen vor ihm. Er war überaus amüsiert über ihre Art und Weise; und da Beobachtung von klügeren Menschen als Grace Rivers häufig mit Bewunderung verwechselt wird, erhob sie sich vom Tisch, ganz zufrieden mit einem Erfolg, der ihrer Meinung nach zu vielen wichtigen Ergebnissen führen sollte.

Als sie an jenem Abend in ihr Zimmer gingen, erzählte sie Margaret viel darüber und über alle Reformen, die sie im Haushalt durchführen wollte. Margaret hörte zu, mit der ganzen Ehrerbietung, die sie Graces Bemerkungen entgegenzubringen pflegte, und keine der beiden Schwestern hatte Bedenken, dass die Macht völlig in Graces Händen liegen würde.

„Ich werde eine Menge zu tun haben“, sagte sie in einem bedeutungsvollen Ton, als sie sich endlich zur Ruhe begaben.

So wie es abends ihr letzter Gedanke war, so war es auch am nächsten Morgen ihre erste Idee.

Der Raum, in dem sie sich befanden, war ein großer quadratischer Raum, und daneben befand sich ein Raum, der mit dem darunter liegenden Wohnzimmer korrespondierte, ebenfalls über das einzige Erkerfenster im Haus verfügte und einen herrlichen Blick auf die Landschaft über einige grüne Felder bot.

Es war voller Bauholz – alter Karten, Schulbücher usw. – und wie es oft der Fall ist, wenn kein weibliches Auge da ist, um einzugreifen, hatten sich dort verschiedene Ansammlungen angesammelt, um die sich niemand kümmern musste.

Zerbrochenes Porzellan und kaputte Stühle, einige alte Drucke, auch die Gläser waren kaputt. Was auch immer geschah, blieb Herrn Sandford verborgen.

„Wir werden das klären", sagte Grace, „das in Ordnung bringen und es zu unserem Wohnzimmer machen."

Doch ihre Entschlossenheit wurde gleich zu Beginn durch den Widerstand von Herrn Sandford konfrontiert.

„Ist das Wohnzimmer nicht groß genug für Sie? Wofür möchten Sie ein Wohnzimmer? Sie sollten froh sein, ein schönes, warmes Zimmer zu haben; lassen Sie es sein, ich werde nicht zulassen, dass das Haus von Ihnen oder sonst jemandem durcheinander gebracht wird." noch einer.

„Aber wir wollen einen Ort, an dem wir arbeiten können, ohne etwas dagegen zu haben, einen Müll zu machen", drängte Grace, „und wir können es selbst tun."

„Lass es", sagte er schroff und verließ den Raum.

Grace machte eine Geste der Verzweiflung.

„Das wird eine schwierigere Aufgabe, als ich dachte", sagte sie erbärmlich zu ihrer Schwester. „Ist es nicht schwer, dass ich gleich am Anfang so viele Schwierigkeiten habe?"

„Es ist schwer, Liebling", sagte Margaret sanft, „aber du wirst bald alles bekommen, was du willst; du weißt, dass schließlich jeder tut, was du willst; du musst ihn einfach dazu bringen, es nach einer Weile zu tun, wenn du ihn besser kennst." ."

Graces nächster Versuch galt der Köchin; Sie war fest entschlossen, eine große Verbesserung ihrer Leistungen herbeizuführen. Hatte sie nicht eine ganze Reihe von Kochkursen besucht und gelernt, wie man Kuchen einfriert und viele andere nützliche Dinge? Mit großer Würde klingelte sie im Salon, und als Robert erschien, sagte sie: „Schicken Sie die Köchin zu mir.“

Robert grinste über beide Ohren und kam nach wenigen Minuten wieder zurück.

„Cook ist beschäftigt und kann nicht kommen.“ Er stand auf und sah sie an.

Grace gab keine Antwort.

„Ich soll jede Nachricht entgegennehmen“, sagte er und sehnte sich danach, ein wenig Unruhe zu stiften.

„Wenn sie sich nicht dazu entschließt, Befehle einzuholen, werde ich keine erteilen“, sagte sie nach einem Moment mit einer sichtbaren Bekräftigung ihrer Würde, und Robert ging widerstrebend.

Die Schwestern begannen, ihre Sachen auszupacken, und Graces Stimmung besserte sich, als sie ihr Zimmer mehr zu dem einzigen Zuhause gemacht hatten, das sie je gekannt hatten.

An diesem Abend, als das Abendessen beendet war, begann Grace mit dem Thema ihrer Pflichten gegenüber Mr. Sandford.

„Ich möchte kein nutzloses Leben führen“, begann sie, nachdem sie ihre Rede vorher gut überlegt hatte, aber es fiel ihr furchtbar schwer, es ihm jetzt zu sagen, während seine grauen Augen, scharf, hart und kalt, sie ansahen unerschütterlich: „Ich möchte nützlich sein.“

"In der Tat?"

„Ja“, sagte sie und gewann immer mehr Mut, „ich habe vor, mir viel Mühe zu geben und die Dinge richtig zu machen, und da ich wirklich nützlich bin, habe ich nicht vor, das Brot des Müßiggangs zu essen.“

„Denken Sie darüber nach, Gouvernante zu werden?“

Eine Kaltwasserdusche wäre für sie kaum ein größerer Schock gewesen.

„Ich meinte, ich wollte hier nützlich sein.“

„Oh! Du wolltest nützlich sein. Auf welche Weise?“

Arme Gnade!

„Ich dachte, du möchtest, dass ich das Abendessen bestelle und mich um die Dinge kümmere.“

„Haben Sie irgendwelche Erfahrungen gemacht? Ich dachte, Sie wären schon immer in der Schule gewesen. Haben Sie dort das Abendessen bestellt?“

In seinem Ton lag etwas fast Unverschämtes, und Grace zuckte trotz der dicken Haut ihrer Selbstliebe, die sie im Allgemeinen daran hinderte, eine beabsichtigte Kränkung zu sehen oder zu spüren, zusammen.

Sie nahm jedoch ihren Mut zusammen und sagte: „Da wir bei Ihnen sind und es üblich ist, dass eine Dame die Herrin des Hauses ist, dachte ich …"

John Sandford warf sich in seinen Stuhl zurück und lachte laut. Die Annahme dieses Mädchens gefiel ihm ungemein. Sein Sinn für Humor – der selten berührt wurde – wurde dadurch erreicht; Die Situation schien ihm alle Elemente des Lächerlichen in sich zu haben, und sein Lachen war ein ungewohntes und lautes Lachen – ohne Kontrolle. Eine wütende Röte stieg auf Graces Gesicht, Margaret sah es und warf sich wie üblich in die Bresche –

„Grace wollte nur das tun, was sie für ihre Pflicht hielt", sagte sie tapfer, „und es ist unfreundlich von dir, sie so zu behandeln – und meine liebe Grace hat nichts dagegen", und sie stand auf und warf ihre Arme um sie .

„Du hast recht, mein Mädchen", sagte Mr. Sandford und sah sie mit wachsendem Respekt an. „Es ist schade, dass sich deine Schwester nicht an deinem Buch orientiert. ,Wer nicht auf Zehenspitzen geht, muss nie auf die Fersen gehen', ein oberflächliches Sprichwort, aber ein wahres Sprichwort." Dann wandte er sich an Grace, gegen die er keinen mildernden Einfluss verspürte, und sagte trocken: „Ich bin dir dankbar, dass du dir angeboten hast, dich zur Herrin meines Hauses zu machen, und dass du das Brot des Müßiggangs und alles andere nicht essen willst." Es klingt alles sehr gut, aber wenn ich eine Geliebte wollte – was ich nicht möchte, da ich bereits eine habe –, sollte ich für die Stelle kein unerfahrenes Mädchen wählen Meine Schwester, Frau Dorriman, kommt morgen, um die Herrin dieses Hauses zu sein, ohne sie oder jemanden wie sie, und wenn sie kommt, ist es mein Wunsch, dass Sie vorbeischauen an sie herantreten und ihr in allen Dingen gehorchen.

Hier ertönte ein Donnerschlag. Die Mädchen sahen sich bestürzt an. Seine Schwester! sie wäre dann eine weibliche Ausgabe seiner selbst! Alle Träume der armen Kinder, Zeit für sich zu haben und praktisch frei zu sein, fielen zunichte; Der Schock ließ Grace verstummen und Margarets Augen füllten sich mit Tränen.

„Ich hoffe, Sie verstehen es ganz", sagte Mr. Sandford grob, erfreut über die Wirkung, die er hervorgerufen hatte, „ich bin noch nicht in der Lage, mir Sorgen und Unruhen durch weibliche Streitereien und Unruhen zu machen – und wenn Sie das nicht wiedergutmachen können Wenn du den Mut hast, deinen Stolz herunterzuschlucken und nachzugeben, wirst du eine andere Art finden müssen, Brot zu essen, sei es durch Müßiggang oder umgekehrt.

Mit dem finsteren Blick, der sein Gesicht verdunkelte, wenn er wütend war, blickte er Grace an und hielt sein Gesicht entschlossen von Margaret fern, deren Blick einen seltsamen Einfluss auf ihn hatte. Er schob seinen Stuhl zurück, stand auf und verließ den Raum.

Auch Grace erhob sich. Sie war blass und trotzig, nicht in der Stimmung, auch nur Margarets Liebkosungen zu ertragen, sie ging in ihr eigenes Zimmer; und so kühl es auch war, sie öffnete das Fenster und fühlte sich, als würde sie ersticken. Zum ersten Mal in ihrem Leben war sie unhöflich und unverschämt angesprochen worden und hatte ihr das Gefühl gegeben, abhängig zu sein. Das Schicksal war in der Tat grausam: Warum wurde sie der Gnade der Welt und von Mr. Sandford überlassen? Sie würde nicht bei ihm bleiben – sich von ihm und seiner Schwester schikanieren, bedrängen und herumkommandieren lassen. Sie würde gehen – aber wohin?

Der Krampf des Schmerzes, der Wut und der Empörung durchströmte sie – zum ersten Mal in ihrem Leben waren ihre Eitelkeit und ihre Selbstliebe schwer verletzt worden. Sie litt sehr, und gerade in dem Moment, als sie über ihr Schicksal und alle Menschen, die damit zu tun hatten, schimpfte, wurde ihr ein Brief ihrer alten Schullehrerin in die Hände gelegt. Sie las es und zuckte dabei zusammen. Die liebevollen Worte, in die so viel liebevolle Schmeichelei gemischt war, kamen ihr fast vor, als wären sie spöttisch geschrieben, sie sollte nicht zulassen, dass ihr gegenwärtiges Leben in Glanz sie müßig machte: Sie hatte so viel Geschenke, sie sollte sie nutzen; Sie durfte nicht zulassen, dass Eitelkeit über ihr persönliches Aussehen ihren Geist verunstaltete; Obwohl sie wie eine Königin aussah, sollte sie demütig wandeln usw. &C.

Sie setzte sich und starrte auf ihre Umgebung. Was für eine Pracht war da in dem Himmelbett mit den Vorhängen aus Moränen und dem scheußlichen Teppich, der das genaue Gegenteil von allem war, was man ihr beigebracht hatte? Sie ging dem Gedanken nicht weiter nach und es wurde ihr nie klar, dass ihre großen Gaben und ihre königliche Anmut gleichermaßen unwahr waren. Sie hat alles akzeptiert, und niemand kann es ihr verübeln, aber es hätte ihr keine größere Grausamkeit angetan werden können als die falsche Maßstäbe und die Überschätzung ihrer selbst, die sie so völlig umhüllten, dass das Erwachen eines Tages für sie schrecklich sein würde ihr.

Die unschuldige Freude ihrer Schwester über den Brief und die herzliche Art, mit der sie die Schmeichelei unterstützte, tröstete sie erneut, und sie drehte sich erneut zu ihr um und sprach.

„Was sollen wir mit dieser Frau, dieser Schwester, dieser Mrs. Dorriman, Madge, tun?"

Margaret lachte leise.

„Mit der Zeit wirst du sie alle besiegen", sagte sie; „Du lässt jeden tun, was du willst; jeder bewundert dich so sehr; du bist so klug, Liebling und so schön. Ich bin ganz sicher, dass du einen Herzog heiraten wirst."

Grace lächelte; Sie begann die Wunde, die sie erlitten hatte, zu vergessen, und der Trost ihrer Schwester war ihr sehr wohltuend. Sie badete ihr Gesicht und sagte lachend:

„Leider sind hier keine Herzöge in Sicht; und Margaret", sagte sie plötzlich mit einem leichten Schaudern, „mir kommt es so vor, als würde an diesen trostlosen Ort nie jemand kommen."

„Das ist Unsinn, Liebling", sagte Margaret leise; „Der Prinz kommt immer dann, wenn große Not herrscht, wenn die Prinzessin ihn braucht."

Ein Blick in den Kohlgarten brachte ein paar farbige Blätter und einige späte Blüten zum Vorschein, vermischt mit dem „nützlichen" Gemüse; Diese waren besser als nichts, und die Mädchen sammelten sie ein und gingen dann durch die Stadt, wobei sie natürlich viel Aufmerksamkeit an diesem abgelegenen Ort auf sich zogen, wo nur wenige Adlige jemals hinkamen.

Grace ging nicht ganz unglücklich nach Hause. Ein oder zwei Angestellte und mehrere Verkäufer waren ihr und ihrer Schwester mit bewundernden Blicken gefolgt, und da alles andere fehlte, war dies akzeptabel.

Gut gelaunt kehrte sie ins Haus zurück und ging behutsamer als je zuvor, bis sie Herrn Sandford an der Haustür traf. Er war früher als gewöhnlich nach Hause gekommen, um seine Schwester zu empfangen. Er war zufrieden, als er sah, dass sie nicht schmollend war; Wenn sie es gewesen wäre, hätte er beschlossen, es sofort niederzulegen, und sie auch.

Grace war jedoch bald in ihrem eigenen Zimmer und bereitete sich auf die Begegnung vor, vor der sie sich fürchtete. Von Anfang an sollte Frau Dorriman über den Platz informiert werden, den sie einnehmen sollte; Äußerlich mochte sie die Herrin sein, das Abendessen bestellen und die Bediensteten an ihren Plätzen halten, aber was die Einmischung in sie und Margaret anging, sollte das nicht so sein, und sie dürstete danach, es ihr klarzumachen und alles auf einmal zu regeln.

Wie üblich probte sie die Worte und die Art und Weise, wie sie sprechen sollte, als Mr. Sandford sie anrief. Er hatte seine eigene Vorstellung davon, was seiner Schwester gegenüber respektvoll war, und bevor sie Zeit hatte, Stellung zu beziehen oder ein Wort zu sagen, das sie hatte sagen wollen, drängte er sie eilig die Treppe hinunter, ohne ihren Arm sanft zu fassen, da er sich entschieden hatte dass es das Richtige sei, nach unten zur Haustür zu gehen, um Mrs. Dorriman zu empfangen, und dass sie dorthin gehen sollte.

Der Waggon war nicht einmal in Sicht, aber er hatte den Zug einfahren sehen; und als Grace, die neben ihm an der offenen Flurtür stand, spürte, wie der kalte Wind auf sie einströmte, fügte sie dies zu den anderen Unrechten hinzu und hasste ihn fast.

KAPITEL IV.

Der letzte Nachmittag ihres Aufenthalts in Inchbrae war gekommen. Mrs. Dorriman, die den Eindruck hatte, dass sie sehr hart arbeitete, trug mehrere Dinge nach oben, die unten hätten bleiben sollen, und irrte hilflos umher, während das schreckliche Gefühl, eine enorme Arbeit zu erledigen und zu arrangieren, auf ihr lastete; gemischt mit dem ständigen und deprimierenden Gefühl, das sie auszeichnete, nicht den Anforderungen gewachsen zu sein. Kann es etwas Schrecklicheres geben als das Bewusstsein, dass die Kraft *nicht* vorhanden ist, egal, wie „der Tag" sein mag? Und ist es nicht ebenso eine Sünde, einen Geist zu zerschlagen und zu ermorden, wie einen Körper zu zerstören? und ihr Geist war zerschlagen worden. Sie setzte sich oben in die Lieblingsecke, von wo aus sie den Fluss ins Meer stürzen sehen konnte; Sie nahm ihre Bibel in der Hoffnung, Trost zu finden – aber ihre Stimmung war so benommen, dass sie die Worte las, ohne ihren Sinn zu erfassen.

Der Fluss zeigte ihr, wie allen anderen, die Widerstandslosigkeit des Schicksals – sie war unaussprechlich berührt von dieser neuen und schrecklichen Enttäuschung. Nachdem sie so wenig Glück erlebt hatte, war sie in eine so stille Zuflucht geraten; Und noch einmal, nachdem sie sich sicher und glücklich gefühlt hatte, wurde sie hinaus in die rauen Wellen des Lebens gezogen, um erneut einen Kampf zu beginnen. Es kam ihr in den Sinn, dass es einen Rechtsbehelf geben könnte – jemand könnte ihr helfen, dies abzuwenden; sie war eine Witwe und kein Mädchen mehr; Wie kam es, dass sie so sehr in den Händen ihres Bruders war? Könnte Mr. Macfarlane es nicht enträtseln? Insgeheim fürchtete sie sich davor, die Papiere ihres Mannes herauszugeben – vielleicht könnte darin etwas gefunden werden, das seinem Gedächtnis schaden könnte, und seit seinem Tod dachte sie so viel zärtlicher an ihn und erinnerte sich mit so viel mehr Zuneigung an ihn, als sie es währenddessen getan hatte sein Leben, trotz ihrer Verachtung für seine Fähigkeiten.

Dennoch warf sie ihm vor, dass er sie nicht aus dieser Abhängigkeitssituation herausgehalten hatte, die ihre große Hoffnung gewesen war, als sie ihn geheiratet hatte. Sie verzieh ihm jetzt seinen Mangel an Erfolg, aber das – es war so schwer und es war ihr gegenüber so unfair.

Sie war tief in diesen Gedanken versunken, als sie durch das Knirschen des Kieses unter ihrem Fenster geweckt wurde und in das Zimmer ging, das so kahl und trostlos aussah, ohne Blumen, ohne hübsche Porzellanteile und ohne alles, was es heimelig machte – um Herrn und Frau Macfarlane zu empfangen. Mrs. Macfarlane war eine fröhliche und angenehme Frau, aber viel zu warmherzig, um überwältigend und bedrückend fröhlich zu sein, wenn es einem anderen schwer gefallen wäre, darauf zu reagieren. Sie hatte das Taktgefühl einer gutherzigen Frau, was viel zuverlässiger ist als das Taktgefühl, das sie sich durch die ständigen Spannungen in der Gesellschaft angeeignet hat.

Wenige Augenblicke später waren sie alle drei beim Teetrinken, das Feuer machte andere Mängel wett, und obwohl Jean sich wegen der besten Tassen entschuldigte, hatte niemand daran gedacht, dass irgendetwas fehlte. Mrs. Dorriman hatte sich große Sorgen wegen der Papiere gemacht; Sie selbst hatte es, wie wir wissen, nie gewagt, sich eingehend mit ihnen zu befassen – sie hatte Angst, in diesen Aufzeichnungen etwas zu entdecken, das sie an ihrem Mann beunruhigen könnte. Aber trotz dieser Angst verspürte sie manchmal die Neugier, welche Auswirkungen diese Papiere auf ihren Bruder hatten, und sie wusste nicht, was sie dagegen tun sollte. Sie wagte es nicht, sie mitzunehmen, weil sie wusste, dass ihr Bruder sonst bald Herr über sie werden würde; Sie konnte sie nicht einsperren, da das Haus verkauft wurde, und wenn sie daran dachte, hatte sie immer einen Kloß im Hals.

Die ganze Zeit, während sie ihren Tee trank, fragte sie sich, was sie tun sollte, und sehnte sich danach, Mr. Macfarlane diesbezüglich zu befragen, was jedoch durch ihre überwältigende Schüchternheit zurückgehalten wurde.

Er selbst kam zu Hilfe: Er fragte sie, ob sie etwas zurücklassen wolle, und sagte, er und seine Frau würden gerne alles für sie übernehmen.

Er war ganz erstaunt über ihre Dankbarkeit, die den kleinen Dienst, den er ihr erwies, so weit zu übersteigen schien. Sie dankte ihm mit Tränen in den Augen – es gab etwas Porzellan und –

Mrs. Macfarlanes kluge Augen erkannten, dass dieses Angebot in gewisser Weise mehr bedeutete, als es den Anschein machte, und sie stand mit Mrs. Dorriman auf, um zu sehen, wie viel Platz die Dinge einnehmen würden und wie man sie am besten übernehmen könnte.

Mrs. Dorriman stand vor den Kisten mit den Haushaltsschätzen, ihre Farbe wechselte und ging und ihr offensichtliches Zögern und ihre Unsicherheit waren ziemlich bedauernswert anzusehen. Ihre Freundin sah sie erstaunt an – sie sah Tränen in ihren Augen stehen, und sie legte sanft ihre Hand auf ihre und sagte: „Es ist alles sehr schmerzhaft für dich, du wirst dich besser fühlen, wenn es vorbei ist.“

„Es ist alles Schmerz – das ist es nicht –“ und die Tränen der armen Frau Dorriman flossen über. Dann, als sie das Geräusch von Mr. Macfarlanes Kutsche hörte, die ihre bevorstehende Abreise ankündigte, bückte sie sich plötzlich und holte eine Kiste heraus, die sie nicht heben konnte, und flüsterte aufgeregt: „Ich weiß nicht, was das ist. oder welche Geheimnisse sie bergen, vor denen ich Angst habe – mein Bruder will diese Papiere – Mrs.

Macfarlane, sie gehörten meinem Mann, sie gehören mir. Sie werden sie niemals hergeben?"

„Ich werde sie niemals aufgeben, außer auf deinen ausdrücklichen Wunsch."

„Für meinen Bruder ist es sicherer, nicht zu wissen, dass du sie hast. Er ist sich nicht sicher, ob sie existieren, aber er ist sehr besorgt – so sehr darauf bedacht, sie zu finden, dass ich weiß, dass sie für ihn von Bedeutung sind."

„Aber, liebe Frau Dorriman, warum schauen Sie sie nicht durch? Ein Übel, das man erahnt, ist schlimmer als eines, dem man gegenübersteht."

„Sie wissen es nicht – ich fürchte. Nein! Ich kann sie nicht ansehen – der Tag könnte kommen – Mrs. Macfarlane, wenn Sie alles wüssten. Wenn ich hinschaue, könnte ich meinem Mann Schaden zufügen. Ich kann es nicht tun – ich habe keinen Mut." ."

„Vielleicht erfahren Sie im Gegenteil vieles, was die Menschen zum Zeitpunkt seines Todes verwirrte. Niemand versteht, wie er es geschafft hat, sein ganzes Geld zu verlieren." Und da sie eine diskrete Frau war, hielt sie inne – sie durfte kein Wort sagen, um Mrs. Dorriman gegen ihren Bruder aufzubringen.

„Glaubst du, es könnte etwas nützen?" sagte die arme Frau mit einem Blitz in ihren Augen – einem Hoffnungsschimmer – der dort für einen Moment aufleuchtete und dann wieder verblasste. "NEIN!" Sie wiederholte: „Ich kann es jetzt nicht tun. Ich kann es nicht riskieren."

Mrs. Macfarlane hatte das Gefühl, dass sie kein Recht hatte, sie zu irgendeiner Vorgehensweise zu drängen, da sie die wahre Geschichte ihrer Vergangenheit nicht kannte und die Konsequenzen nicht vorhersehen konnte; aber sie ging, um ihren Mann zu rufen.

Herr Macfarlane war nicht ganz so bereit wie seine Frau, sich in die Situation zu stürzen. Ihr warmes Herz brachte sie oft dazu, Verantwortungen zu übernehmen, auf die seine Vorsicht lieber verzichtet hätte.

Wie üblich beseitigte seine Zurückhaltung alle Zweifel, die Mrs. Dorriman noch im Kopf hatte; In dem Moment, in dem etwas schwierig oder unerreichbar ist, wird es wünschenswert.

Er akzeptierte jedoch das Vertrauen und sagte dann plötzlich: „Liegt Ihr Ehevertrag in den Händen Ihres Bruders?"

„Meine Ehevereinbarungen? Soweit ich weiß, hatte ich nie welche", antwortete sie hilflos.

„Hatten Sie noch nie einen Heiratsvertrag?" Er konnte es kaum glauben.

„Nein, zumindest habe ich nie davon erfahren. Ich denke, ich sollte alles über alles wissen, was mich in dieser Weise betrifft."

"Das nehme ich an." Er dachte einen Moment nach. Derselbe Gedanke, der schon seiner Frau in den Sinn gekommen war, kam ihm in noch stärkerer Form entgegen. Er durfte nichts sagen, was ihren Verdacht gegenüber ihrem Bruder erwecken würde oder was ihr den Weg zu seinem Haus in irgendeiner Weise schmerzhafter machen würde, als es offensichtlich war.

„Ich rate Ihnen dringend, Frau Dorriman, diese Papiere durchzulesen. Sie könnten viel Licht auf Ihre Lage werfen. Möglicherweise sind Sie in einer besseren, viel besseren Lage, als Sie denken."

„Das kann ich nicht", sagte sie mit leiser Stimme. „Ich habe Angst. Ich werde mich vielleicht eines Tages dazu durchringen, aber ich kann es jetzt nicht tun. Wirst du sie für mich behalten? Oh, tu es! Und lass niemanden , lass meinen Bruder niemals wissen, dass du sie hast. Eines Tages Wenn ich in großen Schwierigkeiten bin und meinen Weg nicht finden kann, werde ich Sie bitten, sie zu lesen.

Sie hielt einen Moment inne, dann drehte sie sich ihnen mit einer Leidenschaft zu, die sie ihr kaum zugetraut hatten, und sagte mit Tränen im Gesicht: „Du weißt nicht, wie kannst du! Aber ich war so hart. Ich konnte." Ich konnte meinem Mann seinen Mangel an Erfolg nicht verzeihen, und ich – ich hatte keine Liebe, die ich ihm geben konnte, und er wusste es, aber ich dachte nie daran werde wieder abhängig und verliere mein Zuhause und so … Ich fange wieder an, kaum noch an ihn zu denken. Ich habe Angst, etwas in diesen Papieren zu sehen … etwas, das mich hassen könnte …"

Sie hielt inne, gebrochen von der überwältigenden Emotion, die von ihr Besitz ergriffen hatte, und Mr. Macfarlane war gerührt, ging zu ihr und nahm ihre Hand. „Verzeih mir", sagte er, „ich werde dich nicht mehr drängen; aber bevor ich dies mitnehme", fügte er hinzu und legte seine Hand auf die Kiste, „werden wir sie gemeinsam verschließen." Er holte Packpapier und ein Seil und ließ sie es mit ihrem eigenen Siegel verschließen. Sie gehorchte ihm ruhig; Ihr plötzlicher und ungewohnter Gefühlsausbruch ließ sie ruhiger, stiller und blasser als sonst zurück.

Als sie sich von diesen echten Freunden getrennt hatte, hatte sie das Gefühl, alles zu verlieren, was ihr lieb war; In ihrem unterdrückten Leben war ihr noch nie so viel Zuneigung zuteil geworden, abgesehen davon, dass ihr Mann sie ihr geschenkt hatte.

Die Papiere waren sicher und außerhalb ihrer Hände. Dies war eine Tatsache, über die sie mit großer Befriedigung nachdachte, als das letzte Geräusch der Kutsche die Stille durchbrach. Frau Dorriman ging hinaus. Sie wollte die Berge hinaufsteigen, um sich von den alten Leuten zu verabschieden, denen ihr Weggang wirklich Kummer bereitete, und bevor sie ging, gab sie Jean den Befehl, etwas für ihre Rückkehr und etwas für den nächsten Tag vorzubereiten.

Jean machte einen sehr wichtigen Eindruck, und ihre Herrin, die mit ihren Verhaltensweisen bestens vertraut war, wusste, dass sie etwas zu erzählen hatte, etwas zu enthüllen hatte und dass sie vorhatte, befragt zu werden. „Was wirst du tun, mein armer Jean, wenn wir uns morgen trennen? Du hast es mir noch nicht gesagt."

„Wir werden uns hier nicht trennen", sagte Jean mit einem triumphierenden Gesichtsausdruck.

„Nein", sagte Mrs. Dorriman, die diesen Abschied schmerzhaft spürte. „Ich dachte, du würdest zum Bahnhof gehen und mich verabschieden. Darüber bin ich froh."

„Darüber hinaus", sagte Jean mit Nachdruck.

Mrs. Dorriman sah zu ihr auf. Was meinte sie?

„Ich gehe den ganzen Weg nach Renton", sagte Jean entschlossen.

„Aber mein lieber Jean – mein Bruder …"

„Dein Bruder gehört nicht mir, und ich habe nichts mit ihm zu tun, noch er mit mir. Ich gehe in die Stadt Renton und habe dort eine Situation; glaubst du, ich würde dich gehen lassen, wo ich könnte? Ich habe dich nie gesehen – oder du mich? Nein! derselbe Wagen."

Mrs. Dorriman konnte nicht sprechen, aber die verlassene Frau küsste das rötliche Gesicht vor ihr – die Hälfte ihrer Sorgen schien sich zu lindern – und Jean, berührt und verlegen angesichts einer so seltsamen Demonstration, klopfte ihr mit einer harten und kräftigen Hand auf den Rücken und verschwand von der Hand ihrer Herrin Augen.

Mrs. Dorriman ging mit einem glücklicheren Herzen als in letzter Zeit das Flussufer hinauf. Mit einer Freundin in ihrer Nähe, in Gestalt von Jean, hatte sie das Gefühl, dass nichts so wichtig war; sie brauchte etwas Trost. Mit all der enthusiastischen Liebe für die Schönheit des Zuhauses, die sie für immer verließ, gab sie auch die kleinen selbst gemachten Pflichten auf, die ihr angenehm geworden waren. Sie musste sich dem Kummer derer stellen, die ihre Freunde geworden waren; aus der Ferne konnte sie ihnen nichts versprechen – sie hatte nichts Eigenes; Sie ging nicht davon aus, dass ihr Bruder ihr weiterhin ein Einkommen verschaffen würde; Sie muss sich davor hüten, Versprechen zu machen, die sie nicht erfüllen kann.

Die gleichen Worte trafen sie überall: „Wie schade, dass du gehst! Wir werden dich vermissen, meine Liebe. Oh, wofür ist das? Ist es der Gesellschaft zuliebe?“

Sie kamen nicht darüber hinweg, ihre Hände wurden geschüttelt, bis sie wieder kribbelten. Als sie nach Hause ging, stand eine der ältesten der alten Frauen wie eine alte Prophetin aus ihrer Tür. Ihr graues Haar war unter ihrem *Mutch nach hinten geglättet* , ihre schwarzen Augen funkelten und ihr faltiges Gesicht erschien weiß im Dämmerlicht.

Sie war die Tochter eines zu seiner Zeit berühmten Mannes, eines Mannes, der die Gabe des zweiten Sehens besessen hatte, und obwohl sie seine Gabe, zu der sie aufgeschaut hatte, nicht geerbt hatte, hatte sie so viele Sprüche ihres Vaters am Finger , und sie hatte viel von seiner Art.

„Komm her“, sagte sie, „und setz dich hin.“ Frau Dorriman konnte dies nicht tun, aber sie bat sie, mit ihr nach Hause zu gehen. Es wurde spät und das Licht verblasste schnell. Christie fühlte sich besonders zu Mrs. Dorriman hingezogen, weil sie und ihre Vorfahren in der Nähe des alten Hauses auf dem Grundstück des alten Mr. Sandford gelebt hatten, und sie hatte viel darüber zu sagen, wie der Verkauf des Anwesens schon vor vielen Jahren vorhergesagt und vorhergesehen worden war von ihrem Vater.

An diesem Abend war sie, nicht unnatürlich, voll von allem. „Es macht mir nichts aus“, begann sie in dem dem Thema angemessenen feierlichen Ton, „meinen Vater erzählen zu hören, was er sah, und er wusste, dass er gesehen hatte, was für den Ort und den Laird Böses bedeutete, und er trauerte tatsächlich darüber.“ er hat."

„Hat er da ein Licht gesehen?“ fragte Frau Dorriman.

„Es war ein Licht und es war kein Licht, meine Liebe, es war etwas von Feuer.“

„Erzähl es mir noch einmal, Christie. Ich bin manchmal verwirrt darüber.“

„Sehen Sie, meine Liebe, die einfachen Leute, einige von ihnen haben Geister und sehen Geister und so weiter, aber der Adel, der echte alte Adel, sie haben eine andere Art von Geist, es gibt *Dinge, die passieren* – Sie werden verstehen."

Auf jeden Fall verstand Mrs. Dorriman, was Christie zum Ausdruck bringen wollte, und selbst in diesem Moment und dieser Zeit des Unglücks brachte die Vorstellung, die ihr vorgetragen wurde, von den überlegenen Geistern, die dem Adel verliehen wurden, sie zum Lächeln.

„Nun, Christie, das mag sein“, sagte sie, „aber die Idee ist neu für mich.“

„Es ist nichts Neues für uns, und es war auch nichts Neues für meinen Vater. Ich meine nicht, dass Geister unterschiedlich sind, obwohl wir alle wissen, dass Geister unterschiedliche Formen annehmen; aber wenn das Oberhaupt eines Hauses stirbt oder ein Unglück bevorsteht Ihn werden seltsame Dinge gesehen – es ist mir nicht gegeben worden, sie zu sehen – vielleicht ist das das Beste. Mein Vater hatte viele dunkle Stunden, diejenigen, die diese Gaben haben, müssen große Qualen durchmachen Ich habe gesehen, wie er nachts aufsitzte und wild aussah. Ich habe ihn seltsame Dinge sagen hören.

„Und was ist mit diesem Feuer?“ fragte Mrs. Dorriman, die ein wenig darauf bedacht war, nach Hause zu kommen, da der Fußweg aufgrund der Dunkelheit nur schwer zu erkennen war.

„Ah“, sagte Christie, „ich habe diese Geschichte schon oft gehört. Er war in seinem Haus, dem Haus hoch oben auf dem Hügel unter dem Wald, und war unruhig; die Stunde kam über ihn und er konnte nicht.“ Atme. Er öffnete die Tür und trat in die Dunkelheit hinaus. Dir wird der steile Hügel auffallen, der zum Haus hinaufführte, und wie das alte Haus selbst abseits von allem stand?“

Mrs. Dorriman machte eine zustimmende Geste. Die Erinnerung an ihr altes Zuhause und die Art und Weise, wie es an den Erstbieter verkauft worden war, war für sie unsagbar bitter. Sie war deprimiert und traurig und hatte das Gefühl, dass sie an diesem letzten Abend hier kaum noch andere und schmerzhafte Erinnerungen brauchte.

„Von Osten und Westen, von Norden und Süden sammelte sich Dunkelheit – die Nacht war so schwarz, dass nichts zu sehen war – der Hügel, auf dem das Haus deines Vaters stand, war nur ein Schatten und die Lichter in den Fenstern strahlte mit einer wunderbaren Kraft aus.

„Der Himmel war von einem aufziehenden Sturm düster, und der Wind heulte auf und ab und auf und ab – niemand außer meinem Vater, der die Dinge verstand, hätte so gestanden, wie er dastand und sich dem gestellt hat. Dann öffneten sich die Wolken und Ein großer Feuerball fiel über das Haus, meine Liebe, und teilte sich in drei Teile – nur drei und ein Teil traf die Ostecke, und eine Flamme berührte die Süd- und eine die Nordseite , und nur die eine Ecke, die westliche, blieb unberührt, und das bedeutete viel, und dann traf das Feuer und fiel auf das Haus selbst.“ Christies Stimme war so beeindruckend, ihr Auftreten so feierlich, dass Frau Dorriman, obwohl sie die Geschichte schon oft gehört hatte, das Gefühl hatte, sie zum ersten Mal zu hören.

"Was sollte das heißen?" sie fragte atemlos.

„Es bedeutete, meine Liebe, was passiert ist. Dein Vater hat die Dame verloren (sie kam aus dem Süden), und das war ein Unglück, und zwar ein sehr großes; dann verlor er seinen Rechtsstreit – den Rechtsstreit um ein Land im Süden North. Dann starb er selbst, der arme Mann, und das war das Dritte – und das Haus wurde verkauft."

„Also war das Unglück komplett?" und Mrs. Dorriman drängte sich ein wenig vor und zitterte. Es war unmöglich, von Christie nicht unbehaglich beeindruckt zu sein – ihre große Gestalt und ihre gebieterischen Gesten ragten in der immer größer werdenden Dunkelheit neben ihr auf.

„Nicht vollständig, meine Liebe – nicht zu Ende. Nein, das hat mein Vater immer gesagt, er hat oft und oft darüber gesprochen, deshalb hat es sich in mein Gehirn geschrieben. Alles, was er gesagt hat, ist wahr geworden, und warum sollte das nicht geschehen." wahr? Er hat alles bis zum Ende gesehen und er hat es gelesen, und er sollte es lesen. Als sie das sagte, senkte sie die Stimme und schwieg erneut.

Die beiden kamen zu dem kleinen Tor und der Brücke, die über den Bach führten und zu Mrs. Dorrimans Wohnung führten. Sie drehte sich um und nahm Christies Hand: „Ich habe das Gefühl, es ist das Ende", sagte sie und sprach mit diesem Schluchzen in der Stimme, das erbärmlicher ist als Weinen; „Du weißt, dass dieser Ort von mir verschwunden ist und dass ich ihn nie wieder sehen werde!"

„Ja, das wirst du", sagte Christie bestimmt; „Mein Vater sagte, was ich dir jetzt sagen werde – obwohl ich nicht allen davon erzählen durfte. In dieser Nacht erzählte ich dir, wie sich der Feuerball teilte und fiel – eine Ecke des Hauses blieb unberührt; und als der … Das Feuer und seine große Rötung erstarben, er sah ein silbriges Licht aufsteigen, und es kam aus dieser Ecke und breitete sich wie eine Flut von Mondlicht über alles aus, und das Licht war direkt über der Stelle, an der du lagst, mein Lieber, ein Baby, nicht viele Wochen alt, und ich werde erleben, wie du tust, was du willst, und hier oder dort oder im alten Haus wohnen, ganz wie es dir gefällt."

Sie hob Mrs. Dorrimans Hände an ihre Lippen, küsste sie inbrünstig, und indem sie ein leidenschaftliches Gebet auf Gälisch sprach, verließ sie sie und ging den Hügel hinauf. Frau Dorriman ging nach Hause; Sie machte sich selbst Vorwürfe, weil sie sich von Worten trösten ließ, die die wilden Visionen einer abergläubischen Frau waren, aber sie tröstete sich. Von Natur aus war sie leicht zu beeindrucken, leicht hochzuhalten und ebenso leicht durch vorübergehende Einflüsse zu senken – das Gespräch mit Christie hatte sie mit einer Art Mut erfüllt.

Zu leben, wie es ihr gefiel und wo es ihr gefiel, in die alte Heimat zurückzukehren, von der ihr jeder Winkel so lieb war! Ein solcher Traum erfüllte sie mit unvernünftigem Glück; sie streckte die Hände aus, als ob sie eine Last abwerfen wollte, und sagte leise, aber laut: „Ich werde es glauben! Ich glaube es! Es wird mir helfen!"

Jean kündigte das Abendessen an und freute sich, dass ihre Herrin strahlender und glücklicher aussah als zuvor, seit sie wusste, dass sie Inchbrae verlassen musste. Ihre Befriedigung war äußerst groß, denn es kam ihr, nicht sehr unnatürlich, in den Sinn, dass die Tatsache, dass sie mit ihrer Herrin ging, als Grund dafür ausreichte, und sie erfüllte die kleinen Dienste, die von ihr verlangt wurden, gewissenhaft und mit erhöhter Aufmerksamkeit. Sie hatte immer das Gefühl, dass sie die Verantwortung für ihre Herrin hatte – jetzt hatte sie das Gefühl, dass diese Verantwortung in gewisser Weise noch verstärkt wurde.

Der Morgen war vielversprechend. Der Wind wehte stark, und nur aus diesem Grund war der Regen kein Platzregen, sondern wehte in unregelmäßigen Böen gegen „alle Ecken des Hauses gleichzeitig", erklärte Jean. Sie dachte über die Möglichkeit nach, die Reise zu verschieben, und sprach mit Frau Dorriman darüber.

Mrs. Dorriman stand unschlüssig an einem der Fenster, als in der kurzen Allee ein Hundekarren auftauchte, und im nächsten Moment stiegen zwei Männer ab, klingelten und gingen in die kleine Halle.

Jean erschien mit der ganzen Miene empörter Würde auf der Bühne und wurde mit diesen Worten begrüßt:

„Wir sind gekommen, um den Besitz für den neuen Besitzer einzunehmen. Schicken Sie jemanden, der das Pferd herumführt und sofort etwas Frühstück zubereitet."

Jean traute sich nicht zu sprechen; Sie ging an ihnen vorbei direkt hinauf zu Mrs. Dorrimans Zimmer. Sie fand ihre Herrin blass, aber gelassen vor, gekleidet für ihre Reise und mit aufgesetzter Haube. Sie begann zu sprechen, wurde aber von einer erhobenen Hand zum Schweigen gebracht.

„Komm, Jean, wir gehen", sagte sie.

Der Lärm der beiden, die die Holztreppe hinunterstiegen, brachte die Männer in die Halle, und Mrs. Dorrimans blasse Gelassenheit beeindruckte sie ein wenig.

Bevor sie Zeit zum Reden hatten, sprach sie zu ihnen.

„Sir", sagte sie und wandte sich an den älteren der beiden Männer, „Sie sind auf Befehl meines Bruders hier, nicht auf meinen. Ich gehe gerade jetzt, aber ich protestiere gegen den Verkauf dieses Ortes, der mir und mir gehört." Ich beabsichtige, eines Tages dorthin zurückzukehren.

Mit leicht geneigtem Kopf ging sie hinaus in den Regen, und bevor die beiden Männer sich erholen konnten, saß sie in einem seit einiger Zeit bereitstehenden Waggonette und wirbelte bald, begleitet von Jean, die Straße entlang; Ihr Herz war so heiß vor Empörung, dass der Schmerz und die Trauer des Weggehens in diesem Gefühl verschmolzen.

Am Bahnhof befanden sich die Macfarlanes mit vielen aufmerksamen Geschenken für die arme Frau Dorriman, und erst als der Zug aus dem Bahnhof dampfte und die letzte Bewegung der freundlichen Hände in der Ferne verblasste, zeigte sich die Standhaftigkeit der armen Frau Sie gab nach, und sie weinte, allein sitzend, ohne neugierige Blicke auf sich zu werfen, und der Schmerz in ihrem Herzen wurde besser, als die Anspannung diesem weiblichen Luxus wich.

Die Fahrt war mehr als lang beschwerlich, es gab zwei oder drei Umstiege, und an einer Station stiegen zwei Reisende ein, begleitet von einer strahlenden Frau mittleren Alters. Zuerst war Mrs. Dorriman zu sehr in ihre eigenen traurigen Gedanken versunken, als dass sie das Geschehen beachtet hätte, aber schließlich wurde sie wach, als sie hörte, wie der Name ihres Bruders fiel.

„John Sandford erscheint in einem neuen Licht", sagte die Dame lachend und zeigte eine Reihe hübscher Zähne. „Stell dir vor, er adoptiert zwei Mädchen!"

„Die Mädchen tun mir leid. Wer sind sie?" fragte der ältere der beiden Männer.

„Ich habe keine Ahnung – aber ich denke, er hatte einen triftigen Grund, von seiner gewohnten Art abzuweichen."

„Die Mädchen tun mir auch sehr leid", lachte die Dame, die aussah, als hätte sie selbst noch nie etwas von Trauer gehört.

„Sie sind wahrscheinlich in gewisser Weise eine Anklage gegen ihn. John Sandford ist kein Mann, der etwas für nichts tut, das liegt nicht in ihm."

Mrs. Dorriman wusste, dass sie etwas sagen sollte, aber sie hatte im wahrsten Sinne des Wortes nicht den Mut, solche Unruhe unter ihnen hervorzurufen.

„Er hatte eine schlimme Krankheit und der Arzt glaubt, dass er noch weitere Anfälle dieser Art haben könnte. Er hält ihn nicht für den starken Mann, den er aussieht."

„Dann tut er vielleicht einen Akt der Barmherzigkeit als Kompromiss mit der Vorsehung", sagte die Dame; „Genau wie manche Männer, die nie wohltätig waren oder ihr Vermögen einfach einer Wohltätigkeitsorganisation überlassen haben, als eine Art Make-up."

Ihr Bruder war also krank! Das war vielleicht der Grund, warum er nach ihr geschickt hatte. Aber wer könnten die beiden Mädchen sein? Diese beiden neuen Ideen, die ihr so plötzlich präsentiert wurden, ließen Mrs. Dorriman nicht mehr wahrnehmen, was vor sich ging. Sie würde junge Mädchen bei sich haben und daher nicht allein sein, und niemand außer denen, die es versucht haben, weiß, wie deprimierend lange anhaltende Einsamkeit ist, besonders für jemanden, der (wie Mrs. Dorriman) vom Temperament her zu den gehörte Frauen, die sich an andere klammern und für die das Handeln und Denken für sich selbst ständige Trauer und Schmerz bedeutete.

Aus der Verwirrung dieser Zukunft, die für sie mit diesen Figuren im Vordergrund so viel heiterer aussah, wurde sie erneut aufgeweckt, als sie hörte, dass diesmal nicht der ihres Bruders, sondern ihr eigener Name erwähnt wurde.

„Über Mrs. Dorriman; niemand kennt wirklich die Berechtigung dieser Geschichte. Dorriman war ein so guter Mann wie nie zuvor, und er hatte jede Menge Geld, als Sandford seins verlor. Wie alles den Besitzer wechselte, ist mehr als jeder weiß, aber Dorriman ist arm gestorben und Sandford lebt reich. Eines Tages könnte die Wahrheit ans Licht kommen.

„Die Witwe lebt, nicht wahr? Ich glaube, das hat jemand gesagt“, und die Dame lächelte, als hätte die Tatsache, dass Mrs. Dorriman existierte, etwas Amüsantes.

Die arme Frau Dorriman, die davor zurückschreckte und dennoch von dem Gefühl getrieben wurde, das Recht zu haben, zu sprechen, und das Gefühl hatte, dass sie früher hätte sprechen sollen, beugte sich nun vor und sagte mit ihrer süßen, klaren, schüchternen Stimme: „Es tut mir leid, ich hätte es tun sollen.“ Ich habe es Ihnen schon gesagt. Ich bin Mrs. Dorriman. Ich gehe zum Haus meines Bruders Mr. Sandford.

Dann lehnte sie sich mit verstärkter Röte wieder zurück.

Die drei Redner, bei denen es sich um einen benachbarten Fabrikanten, seine Frau und einen Freund handelte, waren natürlich überrascht und entschuldigten sich überschwänglich bei ihr.

Dann sagte die Dame, eine Mrs. Wymans, mit ihrem üblichen Lächeln:

„Es war wirklich deine eigene Schuld; es war wirklich sehr falsch von dir, uns reden zu lassen, wirklich falsch. Ich hoffe, wir haben nichts Schlechtes gesagt.“

Und Frau Dorriman gab keine Antwort. Sie verneigte sich leicht, weil sie zu traurig und zu unglücklich war, um etwas zu sagen. Ja, wie hat das ganze Geld den Besitzer gewechselt? Wie kam es, dass sie so arm zurückblieb und sich überall hintreiben ließ, wo ihr Bruder sie hintreiben ließ? Zum hundertsten Mal tauchte diese Frage vor ihr auf, die sie jetzt mit nachlässiger Stimme von einem Fremden hören hörte. Stimmte es, dass sie es eines Tages wissen würde? Dieses letzte Gespräch ließ die Worte Christies eine Zeit lang in den Hintergrund treten, und als sie am Bahnhof ankam, befand sie sich in einem ganzen Wirbel gemischter Gefühle, in dem Zweifel, Trauer, Empörung und Hoffnung miteinander zu kämpfen schienen.

Jean, hilfsbereit und aufmerksam, begleitete sie in ein Taxi, stellte ihr Gepäck darauf und sagte dann mutig:

„Nur für heute. Ich werde morgen unten sein und dich sehen."

Dann schien die Bindung zwischen ihr und ihrer Herrin völlig zerbrochen zu sein, als sie sie aus den Augen verlor, und als sie sich auf ihre Kiste setzte, ohne Rücksicht auf die neugierigen Blicke der „fremden Leute", unter die sie gekommen war, stürzte der gutherzige, tapfere Jean herein bittere Tränen und *würde* weinen, sagte sie vor sich hin. Ja, jetzt, da Mrs. Dorriman nicht mehr da war, würde sie weinen, es würde ihr guttun.

Sie saß auf ihrer großen Kiste – der Kiste, die all ihren weltlichen Reichtum enthielt – und die Tränen liefen ihr übers Gesicht und ihr Taschentuch steckte in ihrem Mund, als ein Träger zu ihr kam, zu beschäftigt, um völlig mitfühlend zu sein, und doch mit eine gewisse schroffe Freundlichkeit, die sie sehr tröstete.

„Und wohin geht es für dich, meine hübsche Frau?" sagte er und ignorierte klugerweise ihre Tränen; „Willst du warten, oder fährst du mit einem anderen Zug weiter?"

Jean, zur Selbstbeherrschung zurückgerufen, erhob sich, kramte im Busen ihres Kleides herum, wo sie ihre Geburtsurkunde, ihr Geld, ihre Schlüssel und andere Wertsachen aufbewahrte, und zog nach einigen falschen Versuchen die Adresse heraus wohin sie wollte, und in kurzer Zeit wurde ihre Kiste auf eine Hure gestellt und sie folgte ihr dorthin.

KAPITEL V.

Hätten die vier Leute, die sich jetzt treffen sollten, inzwischen etwas über die Gedanken des anderen gewusst, wäre ihnen einerseits etwas erspart geblieben, andererseits hätten sie Anlass zu viel größerer Besorgnis gesehen.

Mr. Sandford wusste nichts – aber er hatte große Angst, und als er die Fliege auftauchen sah, war er selbst überrascht über die Empfindungen, die er wahrnahm.

Da er in der Regel vor nichts Angst hatte, war es für ihn völlig unverständlich, dass er sich unwohl fühlen sollte; seine Schwester hatte immer Angst vor ihm gehabt, was hat sich geändert?

Warum störte ihn ein kurzer Blick in ihr Gesicht so sehr? Es muss sein, dass seine Krankheit ihn immer noch beeinträchtigte.

Grace und ihre Schwester sahen dies mit unterschiedlichen Gefühlen. Grace war von Anfang an entschlossen, ihren Standpunkt zu vertreten, und Margaret war so sehr mit ihren Sorgen um ihre Schwester beschäftigt, dass sie vergaß, sich Sorgen um sich selbst zu machen; Und in diese kleine Gruppe von Menschen, äußerst interessiert und voller unterdrückter Erregung, trat die schmächtige, blasse Frau, die sich so vieler widersprüchlicher Gefühle bewusst war, dass ihr nicht viel Raum für scharfsinnige Beobachtung blieb.

„Du bist also hier", sagte John Sandford, als er ihr die Hand reichte. Küsse zwischen diesen beiden waren nie in Mode gewesen; und dann schob er die beiden Mädchen auf eine Art und Weise, die er imposant wirken wollte, die aber nur pompös wirkte, zu ihr hin.

„Da", sagte er, „gehen Sie und heißen Sie sie willkommen; Mrs. Dorriman, meine Mündel Grace und Margaret Rivers."

Grace streckte ihre Hand aus, mit einer Miene, die Mrs. Dorriman überhaupt nicht bemerkte, die sich nur eines überwältigenden Wunsches bewusst war: in ihr Zimmer zu gehen und dort unbemerkt zu weinen.

Sie blieb gelassen, weil sie im Laufe der Jahre Selbstbeherrschung gelernt hatte – jede Gefühlsäußerung schien sie nur auf die gleiche Sarkasmusstufe wie ihren Bruder zu bringen.

Margaret, zutiefst bewegt in ihrem guten und selbstlosen Herzen, warf ihrer Schwester einen flehenden Blick zu, beugte sich dann schüchtern vor, küsste die blasse Wange und sagte freundlich etwas über Ausruhen und eine Tasse Tee.

Mrs. Dorriman war von der Reaktion des Mädchens überrascht und gerührt und ließ zu, dass man sie nach oben führte und in ihrem Zimmer mit einem Gefühl versorgte, das an Dankbarkeit grenzte.

Der Beweis der Freundschaft, der ihr gerade dann geboten wurde, als sie sich so verlassen fühlte, kam ihr wie ein Sonnenstrahl vor. Das Haus, das von außen so kahl und trostlos aussah, hatte sie schmerzlich getroffen, als sie darauf zuging. Ihr letztes Zuhause mit seinen bewaldeten Hügeln und einem schönen Hintergrund aus Hügeln war ihr lebendig vor Augen.

Warum hatte ihr Bruder das Haus verkauft, wenn er kein Geld wollte? Sicherlich hatte er Gefallen an einem Zuhause gefunden, in dem so viele Generationen gelebt und gestorben waren, und als ihr Blick den hässlichen Garten und die eng bebauten Straßen nur einen Steinwurf von seinem Tor entfernt erblickte, wuchs ihr Staunen.

Sie war sich einer völligen Verzweiflung bewusst, als sie dachte, dass sie wahrscheinlich den Rest ihrer Tage hier verbringen würde.

Christies Worte schossen ihr in den Sinn, und dann kam die Begegnung an der Flurtür und Margarets Freundlichkeit.

Ja; das war ein wahrer Trost für sie, und keine Liebkosung hatte jemals größere Ergebnisse gebracht; Der Tropfen der Freundlichkeit drang in ihr Herz ein, als sie Güte so sehr brauchte. Was auch immer die Tage für sie bereithalten mögen, daran wird man sich immer in dankbarer Erinnerung erinnern.

Die arme Margaret verließ sie und gratulierte Grace, wie sie es selbst tat, zu dieser angenehmen Überraschung. Anstelle der unangenehmen und gebieterischen Frau, die sie sich vorgestellt hatten, war hier eine sanfte und schüchterne Frau, die man leicht lieben würde. Voller Erleichterung fand sie Grace in ihrem eigenen Zimmer.

Sie lehnte an den Fensterläden und ihr Blick war auf die Stadt gerichtet. Margaret wusste instinktiv, dass sie verärgert war.

„Stimmt irgendetwas nicht?" fragte sie fröhlich, ging auf sie zu und legte ihr liebevoll die Hand auf die Schulter.

Grace gab keine Antwort, zuckte jedoch leicht mit den Schultern und löste die Hand ihrer Schwester.

„Was ist los, Gracie?" fragte Margaret besorgt; „Was habe ich getan? Bist du verärgert über mich, Liebes?"

„Verärgert über dich! Oh, nein! Aber du bist wirklich sehr langweilig, Margaret. Du machst mir das Leben hier schwer."

„Ich mache dir das Leben schwerer!" Und Margaret errötete, teils aus einem berechtigten Gefühl der Ungerechtigkeit von Grace, teils weil sie sowohl empört als auch verletzt war.

„Wie kann ich diese Frau Dorriman in die Schranken weisen, wenn meine Schwester, meine eigene Schwester, so viel Aufhebens um sie macht?"

„Mir ist nie in den Sinn gekommen, dass sie eine Person ist, die man in ihre Schranken weisen würde."

„Das ist genau das, worüber ich mich beschwere."

„Sie scheint mir so sanft und so schüchtern zu sein. Ich denke, es wird für sie schwieriger sein, eine Position einzunehmen, als Sie denken. Ich kann mir nicht vorstellen, dass sie jemals etwas zu Ihnen sagen wird, das Ihnen vielleicht nicht gefällt."

„Wenn sie es tut, werde ich ihr bald meine Meinung über sie mitteilen; aber Sie haben gehört, was Mr. Sandford gesagt hat, und ich misstraue diesen ruhigen Frauen. Ich habe das Gefühl, dass sie so eigensinnig wie möglich sein könnte. Ist Ihnen aufgefallen, ihr Oberteil? Lippe?"

„Du bist so viel schlauer als ich, Liebling, und so viel schneller. Nein, ich habe nur gesehen, dass sie das Gefühl hatte, hierher zu kommen, sie sah aus, als würde sie gleich weinen."

„Nun, Margaret, wenn du dich für klüger hältst als ich, gebe ich es auf. Wie ich bereits sagte – von Anfang an Aufhebens um sie zu machen, macht meine Rolle sehr viel schwieriger; und nach all deinen gewalttätigen Bekenntnissen kommt es mir schwer vor." dass du mich bei der allererstein Gelegenheit enttäuschst und deine eigene Linie einschlägst.

Arme Margarete! Obwohl es nicht das erste Mal war, dass Grace ihr einen Treuebruch vorgeworfen hatte, war es doch das erste Mal, dass eine solche Anschuldigung aus so schwerwiegenden Gründen erhoben wurde.

Echte Tränen standen in ihren sanften Augen, als sie ihrer Schwester die Hand reichte und sagte:

„Was soll ich tun? Was kann ich tun, um Ihnen zu gefallen?"

„Um mir zu gefallen! Nichts; nur um deiner selbst willen, Margarete, um ein wenig konsequent zu sein, brauchst du nicht von ihr zu schwärmen und so zu tun, als würdest du sie mögen, bevor du weißt, ob sie für uns oder gegen uns ist."

Sie wandte sich ab und begann, ihr Kleid zu wechseln, den Kopf erhoben, noch nicht verzeihend. Margaret hatte das Gefühl, dass der Luxus der Tränen eine Erleichterung wäre, aber sie dachte, sie würde noch einen weiteren Versuch unternehmen, um die Herzlichkeit ihrer Schwester zurückzugewinnen.

„Ich bin sicher", begann sie, während ihre Lippen nervös zitterten, „ich meine nichts. Sie tat mir leid und zeigte, dass es mir leid tat, aber ich denke, ich werde sie hassen, wenn ihr Kommen dazu dienen soll, Unterschiede zwischen uns zu bewirken."

„Es muss keinen Unterschied machen, wenn du nur mir treu bist", sagte Grace bestimmt. „Lass sie in Ruhe und beobachte mich, dann kannst du tun, was ich tue."

„Das kann ich nie", flehte Margaret. „Und oh! Grace, manchmal, wenn du verächtlich bist, habe ich das Gefühl, dass ich gehen und trösten muss. Du weißt nicht, wie schwer es für die Leute ist, wenn du dich aufraffst und etwas Schneidendes sagst. Es tut mir immer so leid." wer auch immer es ist.

„Du bist eine kleine Gans", sagte Grace, die angesichts dieser Hommage an ihre Macht ein wenig dahinschmolz, „du übertreibst alles an mir."

Aber das glaubte sie nicht.

Sie umarmte nun ihre Schwester mit einer schützenden Geste, die ihr selbst nicht bewusst war, und beeilte sich, sich für das Abendessen fertig zu machen, auf eine Weise, die Grace Rivers vor einigen Tagen kaum getan hätte. Auf jeden Fall hatte sie eine Lektion gelernt – nicht zu spät zu kommen, wenn Mr. Sandford etwas zu tun hatte.

Die beiden Mädchen gingen erst ins Wohnzimmer, als das Abendessen durch ein unbedeutendes Glöckchen angekündigt wurde, und Mr. Sandford marschierte mit seiner Schwester davon.

Er platzierte sie an der Spitze des Tisches und sagte in seiner pompösesten Art: „Es ist mein Wunsch, dass Sie die Herrin meines Hauses sind und dass alle Sie in diesem Licht betrachten", und er blickte sich wütend um, als wären es viele da, um das zu hören, und nicht nur zwei Mädchen, die das bereits verstanden haben.

Mrs. Dorriman, die sich einer Handlung bewusst war, die seinen Wünschen widersprach, saß schweigend da und kam sich vor, als wäre sie eine Verräterin; Niemals war jemand stärker selbstquälerisch und sensibler gegenüber irgendetwas, was sie tat, als diese arme Dame. Sie machte sich ständig Sorgen über Kleinigkeiten, die sie hätte tun oder lassen sollen, und das war keine Kleinigkeit; Allerdings glaubte sie kaum, dass ihre Anwesenheit im Haus ihres Bruders und ihre Vertreibung aus ihrem kleinen Zuhause auf die Wut und die Aufregung zurückzuführen waren, die ihrem Bruder verraten hatten, dass sie Kenntnis von den Papieren hatte, die er besitzen wollte.

Nach einiger Zeit erwachte sie und wurde sich dann zum ersten Mal Margarets verändertes Verhalten bewusst.

All die Süße und Freundlichkeit, die ihre Ankunft so bejubelt und den Schmerz ihrer Ankunft gelindert hatte, war verschwunden und wurde durch eine kalte Gleichgültigkeit ersetzt – was Margarets einzige Möglichkeit war, anders zu sein als sie selbst.

Die arme Frau Dorriman bildete sich ein, dass sie in irgendeiner Weise schuldig sei, und gab sich selbst die Schuld an ihrer Geistesabwesenheit, aber ihre Bemühungen blieben völlig erfolglos – die einzige Sorge des Mädchens bestand darin, ihre Loyalität und Treue gegenüber ihrer Schwester zu beweisen. Sie spürte ein aufkeimendes Gefühl der Zuneigung zu der kleinen Frau, die blass und süß der massigen Gestalt von Mr. Sandford gegenübersaß. Sie hatte gespürt, wie sich ihre Arme um sie schlangen, und das Gefühl war Trost und Mitgefühl gewesen, aber Grace verfügte anders, und Graces Wort war ihr Gesetz.

Vielleicht saßen noch nie vier Menschen zusammen, deren Gedanken so unterschiedlicher Natur waren; Wenn vier Menschen zusammenleben, besteht im Allgemeinen auf jeden Fall ein Band der Verbindung, ein gewisses Interesse, das, so sehr sie auch in ihren Gedanken darüber auseinandergehen, am Ende etwas Gemeinsames bildet – hier gab es nichts!

Mr. Sandford, zu anderen Zeiten ein scharfsinniger Beobachter, bemerkte heute Abend nichts. Das Gesicht seiner ihm gegenüberstehenden Schwester berührte ihn seltsam. Seit dem Tod seiner Frau hatte ihn niemand mehr so gesehen, und er war so damit beschäftigt, durch die lange Sicht der Jahre zu blicken und das einzige Geschöpf zu sehen, das er jemals geliebt hatte, das aus der Vergangenheit auf ihn zurückblickte, dass er mechanisch aß und es nicht tat sprechen.

Schließlich stand er auf und wandte sich an Frau Dorriman: „Ich hoffe, Sie werden die Dinge in Ordnung bringen“, sagte er abrupt; „Wenn die Köchin nichts Besseres kann, müssen Sie sie ändern. Ich schaue auf Sie. Ich bin kein zierlicher Mann, aber ich bezahle für das Beste und habe vor, das Beste zu bekommen.“

„Und ich werde mein Bestes geben“, sagte Frau Dorriman sanft.

„Du solltest über die Dinge Bescheid wissen. Ich weiß nicht, wie es gemacht wurde, aber an dem alten Ort herrschte etwas Trost, und ich nehme an, du hattest etwas damit zu tun.“

„Natürlich habe ich mich um die Dinge gekümmert. Ich weiß nicht, ob sie sehr bequem waren.“

„Das waren sie", sagte er nachdrücklich, „und Sie werden feststellen, dass sie in diesem Haus aufgewühlt werden wollen. An dem Morgen, als ich krank wurde, war keine Menschenseele aus dem Bett. Ich klingelte und klingelte, und nur ein elendes Mädchen antwortete. Du Ich erwarte von Ihnen, dass Sie alles in Ordnung halten, und zwar in Ordnung, und", fügte er hinzu, ohne die Mädchen anzusehen, sondern weit über ihre Köpfe hinweg, „wenn jemand Ärger macht, gehen sie." !"

Mrs. Dorriman spürte, wie ihr Herz sank. Die alte Art und Weise, die alte hartnäckige Art, das Gesetz festzulegen, erinnerte sie an Zeiten, in denen sie in fast diesen Worten Änderungen gelesen hatte, die für sie unangenehm und unglücklich waren; Etwas von dem hilflosen Gefühl ihrer Kindheit überkam sie, als sie sich ohne Fürsorge und Zuneigung weiterkämpfen musste, als ihre Amme verbannt worden war und sie bis dahin ihre Kleider anziehen und alles selbst erledigen musste , war von freundlichen Händen erledigt worden. Denn obwohl wir leben, um viele Fehler zu verzeihen, und die Zeit unser Bedauern gnädig mildert und die Schärfe unseres Empfindens abschwächt, gibt es zwei Dinge, die wir vielleicht lernen zu vergeben, aber wir lernen nie zu vergessen: ein Unrecht, das uns in der Kindheit angetan wurde, als wir zu hilflos und zu jung waren, um uns selbst zu schützen, und eine Verletzung unserer Selbstliebe im späteren Leben.

Es herrschte eine längere Stille, die schließlich spürbar wurde. Dann sagte Grace, die das Gefühl hatte, dass es an ihr lag, zu zeigen, wie wenig die Bedeutung von Mr. Sandfords Worten sie berührte, in leichtem Ton:

„Sehen Sie hier jemals Leute, Mr. Sandford?"

„Seht Leute!" er wiederholte; „Wenn man aus dem Fenster schaut, kann man viele Menschen sehen. Sehen Sie Menschen! Warum wäre es ein angenehmerer Ort, wenn es nicht so viele zu sehen gäbe?"

„Natürlich meine ich das nicht in diesem Sinne", sagte Grace würdevoll; „Ich meine, rufen die Leute hier an?"

„Ich habe keinen Zweifel daran, dass jetzt viele Leute anrufen werden", sagte er mit gespielter Feierlichkeit, die sie für einen Moment faszinierte, als er sich altmodisch in ihre Richtung verbeugte.

Grace zügelte sich ein wenig; Selbst auf diesen rauen Mann machte sich ihr Einfluss allmählich bemerkbar, dachte sie.

„Ich bin mir nicht sicher, ob die Anrufer gerade in Ihrer Leitung sind", sagte er nach einer kurzen Pause. „Einige liegen meiner Meinung nach unter Ihrem Niveau, andere sind meiner Meinung nach ein gutes Stück darüber."

„Niemand kann über Graces Niveau hinausgehen", rief Margaret aus, „sie ist so klug und —"

„Tut, tut", sagte er, „ich wünschte, jeder hätte einen so guten Trompeter, aber Grace ist nichts besonders Wundervolles – ich habe keinen Beweis für ihre Klugheit gesehen. Komm, Margaret, was kann sie tun? Kann sie nähen? eine Naht, einen Strumpf stricken, ihre Hand irgendetwas Nützlichem zuwenden, nicht wahr?"

„Grace könnte alles in dieser Art tun, wenn sie wollte."

„Dann sollte sie es besser versuchen; es ist schlimmer, Talente zu haben und sie ungenutzt liegen zu lassen, als ohne geboren zu werden."

„Wenn es nötig ist", sagte Grace, immer noch in verhaltenem Ton. „Ich denke, ich könnte diese Dinge tun. Ich glaube nicht, dass das Stricken eines Strumpfs viel Intellekt erfordert, muss ich sagen."

„Aber es erfordert Fleiß, und ich denke, Sie sind nicht fleißig; meine Schwester, Mrs. Dorriman dort, wird jedoch dafür sorgen, was Sie tun sollen", und er erhob sich in seiner gewohnten abrupten Art und Weise, verließ den Raum und ließ Grace drinnen ein Geisteszustand, der schwer zu beschreiben ist.

Am nächsten Tag, als das Frühstück vorbei war, ging Mrs. Dorriman zur Köchin, äußerlich ruhig, aber innerlich voller Angst.

Sie selbst gehörte zu den ruhigen Menschen, die ein Genie für die Haushaltsführung besitzen, und sie war mit der glücklichen Abwesenheit von Gereiztheit und Herrschaftsangst gesegnet, die sich ohne gewalttätige Aufregung ihren Weg bahnt.

Mrs. Chalmers, die einige Jahre lang so völlig ihre eigene Geliebte war, war genauso bereit, in ein Feuer zu gehen wie ein gut gelegtes Feuer. Sie hatte sich fest vorgenommen, dass sie gehen würde, wenn sie gestört würde. Sie schätzte ihren Platz, oder vielmehr hatte sie ihn geschätzt, weil sie völlig ihre eigene Herrin war und die Freiheit hatte, aufzustehen, hinauszugehen und einzutreten, ohne dass irgendjemand sie daran hinderte oder hinderte. Es machte ihr nichts aus, diese Leute zu haben, denn die zusätzliche Arbeit lastete mehr auf ihrem Untergebenen als auf ihr selbst, aber sie wollte sich nicht einmischen.

Sie hatte ihre beste Mütze und Schürze angezogen, bereit, gerufen zu werden, und würde dann und dort ihre Meinung äußern – vielleicht ihren Platz aufgeben; Doch statt gerufen zu werden, kam Mrs. Dorriman herab. Sie wirkte so still und doch so offensichtlich entschlossen, das zu tun, was sie für richtig hielt, und mit so freundlicher Miene und so viel Höflichkeit, dass sich Mrs. Chalmers' ungewohnte Knie beugten, und vor ihr Sie hatte Zeit, Stellung zu beziehen, sie sprach respektvoll mit Mrs. Dorriman und war offensichtlich darauf bedacht, ihr zu gefallen.

Frau Dorriman wurde der gesamte untere Teil des Hauses gezeigt. Was für ein Kontrast sie zu den breiten Gängen und großen Räumen des alten Hauses fand. Sie lobte sie, ließ Mrs. Chalmers das Abendessen vorschlagen, machte ein paar Vorschläge und ging nach oben. Mrs. Chalmers war zufrieden, dass sie ihren Platz nicht aufgeben musste – in der Tat bestrebt, sich selbst zu übertreffen und der neuen Herrin zu gefallen .

Das ist der Charme des Verhaltens, selbst für diejenigen, die nicht im Geringsten verstehen, warum sie bezaubert sind oder welche Auswirkungen es auf sie hat.

Der nächste Schritt von Frau Dorriman erforderte viel mehr Mut. Sie hatte das Gefühl, dass Margaret mit sechzehn ihre Ausbildung nicht hätte abschließen können, um den stereotypen Ausdruck zu verwenden – denn wann ist unsere Ausbildung abgeschlossen? Sie rief das Mädchen zu sich und begann mit leiser Stimme, die für einen genauen Beobachter Anstrengung und große Schüchternheit verraten hätte, mit ihr über ihre Arbeit und ihre müßigen Stunden zu sprechen.

„Du bist jung, um die Schule verlassen zu haben; zu jung, um eine feste Arbeit aufzugeben“, sagte sie sanft; „Sollen wir es gemeinsam besprechen?“

„Grace weiß so viel. Grace kann mir helfen“, sagte Margaret, die sich furchtbar zu dieser freundlichen Frau neigte und von den Worten ihrer Schwester zurückgehalten wurde.

„Hat Grace einen Plan? Angenommen, Sie rufen sie an“, sagte Mrs. Dorriman sanft.

„Grace“, begann sie, „über Margaret; wirst du mit ihr lesen, hast du einen Plan gemacht? Weil sie zu jung ist, und tatsächlich bist du zu jung, um mit der Arbeit aufzuhören.“

immer Klassenbester war , denke ich, dass Sie diese Frage getrost mir überlassen können“, sagte Grace und sträubte sich. Ich halte es für viel besser, Mrs. Dorriman, es Ihnen sofort verständlich zu machen dass weder Margaret noch ich jegliche Einmischung ertragen werden.“

„Ich fürchte, ohne das, was Sie Einmischung nennen, kann ich meine Pflicht nicht erfüllen“, sagte Frau Dorriman ruhig, aber mit einem Hauch von Farbe in ihrem blassen Gesicht, der anstieg und sofort wieder verschwand. „Was machst du morgens? Wir kennen uns nicht, meine liebe Gnade.

Grace war von diesem Appell ein wenig bewegt, aber sie war es nicht gewohnt, in Unrecht geraten zu werden, und konnte die Situation nicht mit Würde akzeptieren.

„Es gibt nichts außer diesem schrecklichen alten Klavier mit den klirrenden Tasten. Ich kann nicht darauf spielen, sonst sollte ich für dich spielen."

Mrs. Dorriman ging darauf zu, öffnete sie und schlug ein paar Akkorde an; sie reagierten mit harten Zwietracht. Sie ließ den Deckel mit einem kleinen Seufzer herunter, Musik war für sie eine zweite Natur.

„Nein, damit kannst du nicht spielen", sagte sie, „aber mit Büchern. Welche Bücher habt ihr beide gelesen? Liest ihr gern?"

Grace und Margaret sahen sich an. Jeweils ein paar Seiten Geschichte, als Aufgabe gelesen; ein paar Biografien hervorragender Menschen als Sonntagslektüre; ein paar auswendig gelernte Auszüge aus Gedichten: Das war die Summe ihres Wissens – alles andere war in ihren leeren Köpfen eine öde Verschwendung.

„Wenn Sie mir helfen, meine Bücher auszupacken, finden wir vielleicht etwas, das wir gemeinsam lesen möchten", sagte Frau Dorriman; „Und wenn du meinem Bruder beweisen möchtest, dass du fleißig bist", fügte sie ein wenig lachend hinzu, „können wir leicht etwas Wolle besorgen und einen Strumpf herstellen."

Margaret sah ihre Schwester ein wenig gespannt an; Sie war gerade in dem Alter, in dem sie die Regelmäßigkeit des Schullebens vermisste und die Zeit schwer an ihren Händen hing. Das neue Gefühl von Interesse und Beschäftigung, das Frau Dorriman ausstrahlte, war sehr angenehm und gab ihr das erste Gefühl von Zuhause, das sie in diesem Haus hatte.

Aber ein Blick auf Grace warf sie erneut zurück, und sie sagte mit einigem Zögern, dass es schön wäre, die Bücher auszupacken, und bat Grace um ein Zeichen ihrer Zustimmung.

Grace war jedoch nicht in der Stimmung, mit irgendeinem Vorschlag der armen Frau Dorriman zufrieden zu sein, und murmelte etwas darüber, dass sie in ihrem eigenen Zimmer etwas zu tun hätte, und ging allein dorthin, in stattlichem Schweigen und sehr schlechter Laune.

Mrs. Dorriman ging voran in ihr Zimmer im Obergeschoss; Dorthin war auf ihren Wunsch ihr schweres Gepäck gestellt und die Deckel abgeschraubt worden, und sie machten sich sanft, aber sehr langsam an die Arbeit, während das Mädchen viele Bände aufschlug und die Geschichte jedes einzelnen wissen wollte. Aber sie wusste zu wenig, um sich für irgendetwas wirklich zu interessieren. Grace hätte ihre Unwissenheit verheimlicht und einfach alles übergangen, aber Margaret war natürlicher und Mrs. Dorriman war abwechselnd erstaunt und amüsiert. Das Mädchen schien von niemandem gehört zu haben und über jedes erdenkliche Thema so wenig zu wissen, dass ihre Fragen hin und wieder absolut lächerlich waren.

Eine seltene Ausgabe von Spenser, exquisit gebunden, wurde von Mrs. Dorriman ehrfürchtig behandelt. Es war ein Lieblingsbuch ihres Vaters gewesen, und Mr. Dorriman hatte es für sie neu gestalten lassen.

"Was ist das?" fragte Margaret sehr unschuldig; „Oh, ich verstehe, der Mann, der in dem geschrieben hat, was man Black-Letter-Writing nennt.“

„Meine Liebe“, sagte die erstaunte Frau Dorriman, „das kann man Ihnen doch sicher nicht beigebracht haben.“

„Nun, da ist etwas Komisches an seinem Schreiben, sodass der Versuch, es zu lesen, keinen Sinn hatte.“

„Ich hoffe, Sie vom Gegenteil überzeugen zu können“, sagte Frau Dorriman mit unterdrückter Heiterkeit; Um nichts hätte sie die Gefühle des Mädchens verletzt, indem sie es ausgelacht hätte, und Margaret ging weg.

Dann kam es ihr so vor, als ob sie sicherlich gebildeter, aber immer noch sehr unwissend im Alter von siebzehn Jahren gewesen wäre, so sehr auf sich selbst und ihre eigenen Ressourcen für alle Vergnügungen und Glückseligkeiten geworfen – indem sie sich diesen Büchern zuwandte und sich in stillem Entzücken wie einem einzigen Schatz verlor nach dem anderen öffneten sich ihre entzückten Augen.

Ihr Mann, der selbst gern las und ihre Liebe auf jede erdenkliche Weise gewinnen wollte, hatte viel Geld ausgegeben, um ihre Bibliothek mit Büchern zu füllen. Sie besaß unschätzbar wertvolle Ausgaben verschiedener alter Autoren und die vollkommenste Sammlung poetischer Werke, darunter viele jener zarten französischen Dichter, von denen man heutzutage so leicht und unbemerkt borgen kann, weil sie so völlig veraltet und vergessen sind; und obwohl sie ein Leben abseits ihrer Mitmenschen führten, scheinen sie ihre alten Worte und ritterlichen Gefühle rein und frei von der Weltlichkeit und Grobheit ihrer Zeit bewahrt zu haben.

Doch Graces Stimme rief sie in die Gegenwart zurück und dann sah sie sich um, wo sie ihre Bücher unterbringen konnte. In ihrem Zimmer gab es nur ein kleines Bücherregal. Sie füllte es und ging dann ins Wohnzimmer, um zu sehen, was man dort tun konnte.

Sie fand Margaret in Tränen aufgelöst und Grace mit errötetem und trotzigem Gesichtsausdruck vor.

Aber sie hatte sich vorgenommen, keine Notiz von allem zu nehmen, was nicht unmittelbar an sie selbst gerichtet war, und Grace verließ den Raum.

Erleichtert darüber, dass sie nicht um eine Erklärung gebeten wurde, stürzte sich Margaret nun erneut in die Sache. Die fast leeren Bücherregale waren bald bequem gefüllt, und dann rückte Mrs. Dorriman, die eine glückliche

Gabe hatte, die Tische und Stühle zu arrangieren, richtete eine gemütliche Ecke für ihren Bruder ein und gab dem Raum ein heimeliges Aussehen was es so dringend gebraucht hatte, als der Morgen schon vorüber war.

Am Nachmittag wollte Frau Dorriman gehen und sehen, wie es Jean erging; aber sie wollte nicht aus dem Weg gehen, wenn die Mädchen mit ihr ausgehen wollten.

Bevor sie jedoch aufstand, um sie zu finden, hörte sie, wie sich die Flurtür schloss, und sah sie die Allee entlanggehen.

„Sie hätten vielleicht etwas zu mir sagen", dachte sie, verstand aber sofort, dass dies ein weiterer Protest von Grace gegen jede „Einmischung" war.

Sie machte sich auf den Weg, bedauerte es nicht, allein zu sein, und spürte den Elend der engen Gassen, durch die sie ging – wie alle Menschen, die sich leicht von der Abwesenheit jeglicher Schönheit im Leben beeindrucken lassen. Sie hatte Mitleid mit den armen Menschen, die so hart um ein so karges und unschönes Dasein kämpften. Die grauen Häuser mit ihren schmutzigen, schlecht gepflegten Türen und den „gemeinsamen Treppen", über die so viele müde Füße gingen. Vorne ein Stück festgetretener Schlamm und ein schwarzer Bach, in dem schmutzige Enten und noch schmutzigere Kinder paddelten. Ihre Stimmung sank immer tiefer. Schließlich kam sie an der Adresse an, die sie von Jean bekommen hatte, und wurde von einem schockierten Mädchen gebeten, „die Treppe hinaufzugehen", ohne sich um Ordnung zu bemühen, „beschäftigt" und sich offensichtlich einzubilden, dass in dieser Tatsache eine Ausrede genug lag für alle Missachtung des Aussehens.

Jean, sauber, gepflegt, aber mit Augen, die ihre eigene Geschichte vom Weinen erzählten, schrubbte einen Boden; Da er eine solche Behandlung nicht gewohnt war, glänzten die Fensterläden und die Holzarbeiten, und der Boden war fast fertig. Es war eines der Zimmer, teils Küche, teils Schlafzimmer, die man in Städten bekommt, in denen Überfüllung die Regel ist. Das Fenster war klein und hoch oben – was noch schlimmer war, es ließ sich nicht öffnen.

„Und ist das deine Situation? Das ist der Ort, wohin du gekommen bist, mein armer lieber Jean?" fragte Frau Dorriman mit stockendem Ton.

„„Tat, meine Liebe, kann ich nur so sagen, ohne Eitelkeit könnte ich mir eine Stelle leisten; aber ich arbeite hier als Haushälterin für zwei Jungs – Verwandte von mir, meine Liebe. Niemand, der mich drängt oder behindert, und wenig zu tun. So wenig, dass ich dich oft belästigen werde.

Sie sprach leichthin, aus Angst, nachzugeben. Der Anblick von Mrs. Dorriman brachte all ihre eigenen Befürchtungen vom Vortag zurück; als sie sich in einem luftleeren Raum wiederfand, mit nichts als Dreck und Dreck um sich herum und ohne ein „Kent-Gesicht“ in ihrer Nähe.

Aber Mrs. Dorriman durfte nie erfahren, dass sie ein Opfer gebracht hatte, um in ihrer Nähe zu sein; und mit einem fairen Versuch zu lachen sagte sie:

„Weißt du, meine Liebe, ich war immer schlecht zu befehlen. Besser das, als unter einer Geliebten zu sein, die vielleicht eine härtere Geliebte ist als jemals zuvor.“

Frau Dorriman konnte nicht sprechen. Sie schaute sich im Raum um, um zu sehen, wie sie dazu beitragen konnte, dass es bequemer wurde. Sie beschloss, dass etwas an den Fenstern gemacht werden sollte, und notierte weitere Dinge. Aber das Gefühl, das sie am meisten beherrschte, war, dass es nicht mehr lange dauern würde. Jean und sie selbst – sie würden keines fernen Tages gemeinsam den Weg zurück zum Hügel machen.

„Und bist du glücklich? Fühlst du dich wohl, meine Liebe?“ fragte Jean: „Wie ist es bei dir?“

„Ich fühle mich wohl, Jean, und ich brauche alles, um es mir bequem zu machen; aber wie du vermisse ich die großen lila Hügel, das Leben und Licht des Meeres, die Freiheit und Helligkeit von Inchbrae.“

„Und doch sprichst du fröhlich, meine Liebe;“ und die arme Frau blickte wehmütig auf ihre frühere Geliebte.

„Ich spreche fröhlich, Jean“, und Frau Dorriman erhob sich und legte liebkosend ihre Hand auf die Schulter der alten Frau, „denn, Jean, der dunkelste und längste Tag geht zu Ende; du und ich werden zum Licht und zum Licht zurückkehren Sonnenschein. Wir werden wieder dorthin zurückkehren, Jean.

„Aber der Ort ist verkauft; er ist in die Hände eines Fremden übergegangen“, sagte die alte Frau verwundert.

„Wir werden zurückgehen“, sagte Frau Dorriman bestimmt. „Ja, Jean, diese Hoffnung bewahrt mich vor der Verzweiflung; diese Überzeugung tröstet mich. Wir werden noch einmal nach Inchbrae zurückkehren“, und mit diesen Worten verließ sie sie.

KAPITEL VI.

Trotz vieler offener Widerstände seitens Grace stürzte sich Margaret, voller Enthusiasmus eines Mädchens, dessen Intelligenz nach langem Krampf plötzlich ein Ventil findet, mit ganzem Herzen in einen systematischen Kurs echten Lernens, und die Vormittage vergingen wie im Flug angenehm weiter. Mrs. Dorriman, die in den einsamen Stunden, die sie verbracht hatte, viel gelesen hatte, hatte nach der Art einsamer Leser theoretisiert. Ihre Ansichten über das Leben waren nicht unnatürlich völlig pessimistisch, sie lehnte viele hohe und großartige Ideen ab, weil sie das, was sie als Übertreibung empfand, nicht mochte. Ihr Charakter war alles andere als fest, und sie war sich dieser und anderer Mängel bewusst, aber ihr sanftes Temperament bewahrte sie davor, verärgert zu werden. Sie hatte ein Verlangen nach Glück, ohne daran zu glauben, dass es ihr möglich sein könnte. Ihre Stimmung war immer schlecht, und die Auswirkungen der Härte ihres Bruders und der Vernachlässigung, unter denen sie in ihrer Jugend gelitten hatte, würden sie wahrscheinlich ihr ganzes Leben lang verfolgen und wirken sich auch jetzt auf sie aus.

Sie trug diese Ablehnung der Hoffnung sogar in ihre religiösen Übungen hinein und fand Trost vor allem in Passagen über Resignation; Und obwohl sie den vagen Glauben hegte, dass sie in der Zukunft einen Teil der Glückseligkeit erleben könnte, hätte sie es auf dieser Seite des Grabes nie erwartet.

Dann beunruhigte sie eine andere, höchst schreckliche Frage zutiefst. Sie blickte nicht mit großer Freude auf die Aussicht, ihren Mann wiederzusehen, dem sie vergeben hatte, den sie aber nie geliebt hatte.

Diese Hoffnung, die die Kluft zwischen uns und der Zukunft überbrückt, ist nicht immer der Trost, der sie sein sollte, und tatsächlich lässt sich viel über ihren Mangel an Weisheit sagen, wenn sie sich mit Problemen beschäftigt, die ungelöst bleiben müssen.

Sie war zu schüchtern, um ihre Ängste jemandem zu zeigen, der ihr überhaupt helfen konnte. Sie war sich bewusst, dass sie sich in dieser Angelegenheit, die für sie oft eine Prüfung darstellte, ihrem Mann gegenüber untreu fühlte, und gab sich manchmal Spekulationen hin, die sie verunsicherten und nicht gerade dazu beitrugen, sie zu trösten.

Arme Frau! Als Margaret diese gezielten Fragen an Mädchen stellte, die begonnen hatten, über Dinge nachzudenken und Hilfe brauchten, las sie immer wieder verschiedene Autoren, kam jedoch zu den unbefriedigenden vorherigen Schlussfolgerungen. In dieser Hinsicht brachte die Verbindung auf beiden Seiten nicht viel Gutes, aber mit dieser Ausnahme sollten die Ergebnisse beide glücklicher machen.

Mrs. Dorriman, die so jung verheiratet war, dass sie gerade erst die Kindheit hinter sich hatte, verfügte über die Hartnäckigkeit ihrer Meinung und die starke Voreingenommenheit zugunsten ihrer eigenen Schlussfolgerungen, die man immer dort findet, wo der Geist bei sich selbst verweilte und nicht durch Reibungen mit ihm erweitert wurde Andersdenkende, eine Voreingenommenheit, die sich durch keine noch so große Lektüre zu ändern vermag, da jedes Buch durch die Ansichten, mit denen es in Berührung gebracht wird, gelesen und verdaut, man könnte fast sagen, verzerrt wird, eine Art des Lesens, die mit dem Blick auf ein helles Licht verglichen werden kann und ein regnerischer Tag durch dasselbe rauchige Glas, das allem seinen eigenen Farbton verleiht. Aber gerade die Ausnahme, die sie manchmal machte, diente dazu, Margarets eigene Denkkraft zu wecken und sie dazu zu bringen, über die Gründe nachzudenken, warum sie Meinungen mochten und nicht mochten, und über die Sprache, in der diese Meinungen ihr vorgelegt wurden. Viele wohlklingende Phrasen zerfielen, als sie auf diese Weise behandelt wurden, und viele schöne Gedichte wurden für sie so viel mehr, als sie einem darin angedeuteten Gedanken nachging.

Grace konnte in Wirklichkeit nichts tun, um diese Lektüre zu stoppen, und obwohl sie zunächst viele bittere Bemerkungen machte, brachte sie es nicht übers Herz, den Trost ihrer Schwester an diesen Morgen zu zerstören; und tatsächlich ging sie zu bestimmten Zeiten, wenn ihr eigener Müßiggang bedrückend wurde, zu ihnen und setzte sich zu ihnen, wobei sie ihre Unabhängigkeit bewahrte, indem sie keine Bemerkungen machte, sozusagen abseits stand und sich an keiner Diskussion beteiligte, als ob ihr eigener Verstand es getan hätte dass diese Fragen längst ausgedacht seien und dass sie sich schon vor langer Zeit mit diesen Fragen auseinandergesetzt und sie geklärt habe.

Mrs. Dorriman, die immer schüchterner war, wenn Grace anwesend war, war immer erleichtert, wenn sie nicht erschien, und nahm sich dann selbst zur Rede, weil sie erleichtert war. Es bestand kein Zweifel, dass Mrs. Dorriman dem Ort eine große Steigerung des Komforts verschaffte, alles war gut gepflegt, und Mr. Sandford erkannte, dass dem so war, ohne genau zu wissen, auf welche Weise eine Änderung vorgenommen worden war.

Die einzige unruhige und unzufriedene Person war immer Grace. Die Monotonie der Tage wurde ihr absolut schrecklich. Sie empfand das Unbehagen, sich auf einen Gipfel gesetzt zu haben, ohne dass es eine bewundernde Menschenmenge gab, die die Isolation ausgleichen konnte. Der Abstieg fiel ihr schwer. Freundlichkeitsbekundungen und Zuneigungsbekundungen waren von Frau Dorriman vergeblich gemacht worden, und jetzt wurden keine Anstrengungen unternommen. Die vielleicht schwerste Prüfung von allen war der spürbare Verlust der blinden Bewunderung ihrer Schwester für alles, was sie sagte. Für Margaret war Grace immer noch schön, anmutig und voller Talente, die nur Anerkennung brauchten, um die Welt zu blenden; aber sie begann es durchaus für möglich zu halten, dass Grace die Dinge, die sie und Mrs. Dorriman betrafen, nicht ganz verstand; und anstatt ihre Schlussfolgerungen ohne Frage zu akzeptieren, wie sie es ihr ganzes Leben lang getan hatte, begann sie nun, mit ihr zu streiten, und obwohl Grace sie durch eine Flut von Worten niederdrückte und sie zum Schweigen brachte, blieb sie nicht überzeugt, und Grace selbst wusste es . Diese Veränderung, dieses Nachlassen ihrer Loyalität, wurde Mrs. Dorriman zur Last gelegt, und als sich Gelegenheiten ergaben, wurde der armen Dame viel erzählt, was sie sehr verletzte, dass sie die Schwestern gegeneinander aufhetzte.

Es gab Zeiten, in denen Grace in völliger Ungeduld in ihrem Zimmer auf und ab ging. Ihr Leben entgleitete ihr, dachte sie, und es gab keine Pause, nichts war in Sicht. Welchen Sinn hatte es, das zu sein, was sie war – geeignet zur Herrschaft –, wenn es kein Königreich gab? Sollten ihre Gaben – denn sie glaubte an ihre Gaben – für sie alle nutzlos sein?

Sie waren jetzt vier Monate zusammen; Sie hatte gesehen, wie der Schneefall unter dem Einfluss von Rauch schwarz und schmutzig wurde und seine Schönheit verlor. Etwa ein halbes Dutzend Leute hatten angerufen, aber sie kamen, um Frau Dorriman zu sehen. In tausend kleinen, winzigen Dingen stellte sie fest, dass sie keine Rolle spielte. Dies war nicht ihr natürliches Umfeld und sie sehnte sich nach etwas, in dem ihre Verdienste anerkannt würden. Ein großer Teil ihrer Unzufriedenheit war Frau Dorriman völlig unbekannt, aber sie hatte ein so gütiges Herz, dass sie sich danach sehnte, dem Mädchen etwas Interesse am Leben zu vermitteln. Es war traurig zu sehen, wie sie von Tag zu Tag langweiliger, apathischer und unzufriedener wurde.

„Wirst du nicht kommen und mit mir nach der Haushaltsführung schauen, Grace?“ sagte sie eines Morgens, als sie sah, wie sie sich, ohne auch nur den Anschein eines Buches in der Hand zu haben, auf einen Liegestuhl warf und wie immer gelangweilt und stumpfsinnig aussah.

„Was würde es nützen?“ fragte Grace, überrascht von der Einladung.

„Ich denke, eine Vorstellung von Haushaltsführung ist eine sehr nützliche Sache. Vielleicht haben Sie eines Tages ein eigenes Haus.“

„Wenn dieser Tag kommt, werde ich es vielleicht lernen. Es gibt wohl nicht viel zu lernen – jeder intelligente Mensch kann ein Abendessen bestellen.“

Frau Dorriman sagte nichts mehr.

Für Grace war es ziemlich überraschend, dass Mrs. Dorriman so gerne in die Stadt ging und offensichtlich gern alleine ging. Was hat sie dorthin geführt? Da Müßiggang sowohl die Mutter der Neugier als auch des Unfugs und anderer Dinge ist, ruhte sie nie, bis sie herausfand, dass sie immer in eine bestimmte Straße und in ein bestimmtes Haus ging.

Die ahnungslose Frau Dorriman hatte das Gefühl, als ob eine Bombe unter ihren Füßen explodierte, als Grace beim Abendessen sagte:

„Wie heißt die Person, die Sie in Baxter's Houses besuchen, Mrs. Dorriman?"

Die arme Frau errötete und sah ihren Bruder nervös an, als sie antwortete:

„Ein alter Diener von mir, wenn Sie es wissen wollen."

Ihre Hautfarbe und ihre Nervosität ließen Grace ahnen, dass da noch mehr dahinter steckte, also sagte sie lachend:

„Sie müssen sehr an ihr hängen, da Sie anscheinend jeden zweiten Tag zu ihr gehen."

Die arme Frau Dorriman war angesichts der Plötzlichkeit des Angriffs fast in Tränen ausgebrochen. Sie antwortete etwas mit leiser Stimme, die niemand hörte – aber sie brauchte keine Verteidigung. Mr. Sandford, der normalerweise in sein Abendessen vertieft war und sich nur wenig an der Unterhaltung beteiligte, blickte scharf auf, als Grace die Frage stellte, und als sie behauptete, dass die Besuche so häufig wiederkehrten, empfand er einen gewissen Schock. Eine alte Dienerin – wer war sie? Aber er hatte nicht vor, seine Schwester von irgendjemandem außer sich selbst schikanieren zu lassen, und donnerte mit einem eindringlichen Schlag auf den Tisch:

„Was geht dich das an, ich würde gerne wissen, wen meine Schwester besucht oder nicht? Ich halte es für sehr unverschämt und unangebracht, dass du auf diese Weise zu ihr sprichst; und ich gebe dir die Schuld", sagte er und wandte sich an seine Schwester Schwester, „dafür, dass du sie die Oberhand gewinnen lässt; du solltest sie unten halten, du solltest sie an ihrem Platz halten."

Grace erhob sich, weiß vor Wut. Auch Margaret erhob sich zitternd.

„Setzt euch beide", sagte er in einem Ton, der sie beide beeindruckte, und sie setzten sich. Als sie schließlich den Raum verließen, ging Grace in ihr Schlafzimmer und Margaret folgte ihr, um sie zu trösten.

Aber der Trost war nicht so groß, weil Margaret, obwohl sie um ihre Verwundung trauerte, sie nicht im Recht halten konnte und viel zu ehrlich war, um das zu sagen; und ihrer Schwester konnte kein Trost zuteil werden, wenn sie nicht vollständig in die Lage einer verletzten Märtyrerin versetzt wurde.

In der Zwischenzeit ließ Herr Sandford Frau Dorriman rufen. Er konnte nicht glücklich sein, bis er mit ihr darüber gesprochen hatte. Er entschied sich nicht dafür, dass sie gemobbt werden sollte, aber er entschied sich auch nicht dafür, dass sie alte Diener und Leute zur Hand hatte, die sich für sie einsetzten.

„Wer ist diese Person, die hier lebt, und in Ihrem Vertrauen?" fragte er grob.

„Meine alte Jungfer, Jean."

„Warum hast du sie mitgebracht?"

„Ich habe sie nicht mitgebracht; aber selbst wenn ich sie nicht zu dir nach Hause gebracht hätte, kann es keine Rolle spielen."

„Es ist wichtig, weil Sie vordergründig an meinem Wunsch festhalten, in Wirklichkeit aber dagegen sind."

„Ich behaupte nicht, Sie zu verstehen", und Mrs. Dorrimans Stimmung erwachte. Das ging zu weit. „Sie zerstören mein Zuhause; Sie bringen mich hierher; Sie berauben mich des Komforts meines persönlichen Begleiters – und zu welchem Zweck? Welchen Nutzen hat es, dass ich hier bin?"

„Natürlich können Sie das nicht verstehen. Sie können sich kein separates Haus leisten. Es gibt bestimmte Papiere, die Ihr Mann hatte, die alles anders hätten machen können. Vielleicht ", und er blickte sie ernst und ängstlich an, „haben Sie Quittungen gefunden und wären besser dran." ; aber der Sinn von allem müsste Ihnen erklärt werden, und nach allem, was zwischen mir und Ihrem Mann passiert ist, wäre es besser, keinen Fremden hereinzulassen.

Frau Dorriman schrumpfte. Sie hatte auch diese Angst; aber wir sagen uns etwas, das wir nicht in Worte fassen können, und jetzt war es für sie schrecklich, das zu hören. Ihr Geist starb erneut und sie sagte hilflos:

„Ich kann es nicht aufgeben, Jean zu sehen."

„Wie ist sie hierher gekommen?"

„Als ich ihr sagte, dass du sie nicht hier haben würdest – könntest – sagte sie nichts, aber sie suchte und fand hier eine Situation. Sie war krank und hatte keinen Trost; und ich *muss* sie sehen!"

Es entstand eine Pause. Mrs. Dorriman sah ihren Bruder besorgt an. Er dachte offenbar über etwas nach. Endlich brach er das Schweigen –

„Was ist die Verbindung zwischen euch?" fragte er plötzlich. „Hat sie irgendwelche deiner Sachen unter Kontrolle?"

"Dinge!" sagte sie überrascht. „Nein. Warum, das arme Ding – wo könnte sie sie hinstellen? Nein, sie ist für nichts verantwortlich; und das Band zwischen uns ist nur das Band langer Dienstzeit und großer Vertrauenswürdigkeit. Du bist ein reicher Mann, Bruder, und kannst befehlen." Aber arm und allein zu sein bedeutet zu wissen, was treuer Dienst aus Zuneigung ist."

„Das ist eine hochtrabende Idee", antwortete er; „So etwas hat der Arzt gesagt. Eine solche Dienstleistung habe ich nie gefunden. Auch die Gesellschaft junger Menschen hat mir viel Freude bereitet. Ich kann nicht sagen, dass die Gesellschaft von Grace Rivers mir irgendeine Befriedigung verschafft; denke ich." Sie ist das unangenehmste Mädchen, das ich je gesehen habe.

„Sie muss alle Lektionen des Lebens lernen", sagte Mrs. Dorriman sanft.

„Sie sollte sie besser bald lernen", sagte er schroff, „wenn sie vorhat, unter meinem Dach zu bleiben."

„Wenn sie heiraten und ein eigenes Zuhause haben könnte", und Frau Dorriman seufzte, denn das brachte nicht immer Glück.

„Und warum sollte sie nicht heiraten?"

„Es gibt keinen Grund, außer –" und Mrs. Dorriman machte eine erschrockene Pause.

„Nun", sagte Mr. Sandford, „aber – bitte sagen Sie weiter – Sie geben sich wirklich manchmal große Mühe. Wovor zum Teufel haben Sie Angst?"

„Um zu heiraten, muss man die Chance haben, Leute zu treffen."

Herr Sandford dachte über diese Antwort nach und sagte dann:

„Sie wissen es nicht, aber wissen Sie, dass Sie manchmal sehr vernünftige Dinge sagen."

Mrs. Dorriman lächelte schwach und verließ ihn, unaussprechlich erleichtert darüber, dass nichts mehr über Jean gesagt worden war.

Doch ihre Zufriedenheit hielt nicht lange an. Am späten Nachmittag des nächsten Tages wurde ihr mitgeteilt, dass eine Frau sie sehen wollte, und Jean – viel zu krank, um ihr Bett zu verlassen – stand blass, trotzig vor ihr, und ihr ganzer Geist erwachte zum Widerstand.

„Der Herr hat mich weggeschickt", sagte sie, „er ist heute gekommen und hat mich gehen lassen. Er hat gedroht und gestürmt!"

Sie war rot und hatte Fieber. Während des ganzen kalten Windes des frühen Frühlings war sie gekommen, mit Fieber in den Adern und Brennen im

Kopf; und nun ließ sie sich auf einen Stuhl fallen und zitterte, sah wild aus und war offensichtlich am Rande eines Deliriums.

Die Tischglocke läutete unbemerkt, und als Mrs. Dorriman abgeholt wurde, teilte sie ihr mit, dass sie nicht kommen dürfe.

Mr. Sandford ging wütend und erstaunt in ihr Zimmer – und fand Jean auf einem Sofa, die laut und schnell und zusammenhangslos redete, und Mrs. Dorriman, die blass und gelassen war und sich um sie kümmerte. Sie begegnete ihm mit Vorwurf.

„Wie konntest du? Wie konntest du?" Sie begann. „Sie war krank, das arme Ding! Und du hast ihr gesagt, sie solle gehen. Aber sie soll nicht gehen! Ich werde sie stillen. Mein armer, armer Jean!"

Herr Sandford selbst war erschrocken. Um ihm gerecht zu werden, hatte er nicht gesehen, dass die arme Frau so krank war. Auf dem Höhepunkt ihrer Krankheit war sie, getragen von einem starken Groll gegen ihn, zu seinem Haus gekommen, und dort musste sie bleiben.

Keine Überredungskunst würde Mrs. Dorriman dazu bewegen, ihrer Verlegung ins Krankenhaus zuzustimmen oder zuzulassen, dass irgendjemand ihren Platz an Jean's Bett einnimmt.

Der Arzt kam und ging ständig, Mrs. Dorriman, unterwürfig und schüchtern, wenn es um sie selbst ging, war keines dieser Dinge, wenn es um Jean ging.

Das von Grace begehrte Zimmer mit Erkerfenster wurde für sie in ein Schlafzimmer umgewandelt, aber sie wollte nicht in Jeans Zimmer schlafen; Sie erlaubte keiner anderen Hand, sich um sie zu kümmern. Herr Sandford war erstaunt und berührt. Dies war die schwache Frau, die er aufgespürt hatte und die er für so unfähig gehalten hatte. Mit ständigem Staunen beobachtete er ihr Kommen und Gehen und erfuhr am Krankenbett dieser armen Frau etwas von dem Dienst, den die Liebe leisten kann und leistet und den man mit Geld nicht kaufen kann.

Es war ein trauriger Haushalt, weil Mrs. Dorriman von allen vermisst wurde, aber da es im Allgemeinen irgendwo einen Lichtblick gibt, dachte Grace in diesem Fall, sie hätte ihn gefunden und jetzt hätte sie ihre Gelegenheit dazu.

Sie ordnete das Wohnzimmer um und machte aus dem Umstellen der Möbel einen Protest gegen Mrs. Dorrimans Position als Küchenchefin – sie sprach mit der Köchin und legte dabei so viel Befehlsgewalt in ihr Gebaren, dass sie auf direkte Feindseligkeit stieß. Alle Dienstboten waren gegen sie, die Abendessen waren schlecht, die Dienstboten unzufrieden und die Haushaltsrechnungen hoch. Grace wusste nichts von Ausgaben, nichts von den gängigsten Regeln als Orientierung, und sie ließ sich von niemandem etwas vorschlagen oder natürlich sagen. Mr. Sandford erkannte den Verlust der Dienste seiner Schwester in dem Moment, in dem er ihrer beraubt wurde, und Grace hatte die Demütigung, ihn zu ihr sagen zu hören:

„Es ist zu hoffen, dass Sie bald wieder Ihren Platz einnehmen können. Die Unbequemlichkeit ist furchtbar, und wir kriegen nie etwas Vernünftiges zu essen, und alles ist durcheinander."

Als er beobachtete, wie seine Schwester sich mit der Dienerin verhielt, die sie so schätzte, kam er nicht umhin, sich zu fragen, ob er, selbst wenn er krank wäre, so krank er wäre, die gleiche Hingabe aufbringen könnte. Dies äußerte er eines Tages gegenüber Frau Dorriman; Sie sah ihn ernst an und sagte ohne jede Emotion:

„Wenn du krank wärst, sollte ich versuchen, meine Pflicht zu erfüllen."

Er drehte sich abrupt um und verließ sie; er hatte auf etwas mehr gehofft, und doch welchen Grund hatte er, es zu erwarten?

Als es Jean besser ging und sie weniger Aufmerksamkeit benötigte, stellte Frau Dorriman fest, dass all ihre Kräfte in eine andere Richtung gebraucht wurden.

Zwischen einer verwöhnten, undisziplinierten Natur wie der von Grace Rivers und einer Figur, deren herausragendes Merkmal die Liebe zur Macht war, wie sie Mr. Sandford besaß, war es für die ständige Verbindung unmöglich, ohne Reibungen zu verlaufen. Margaret befand sich in ständiger Unruhe und gab ihrer Schwester aus Gewohnheit und unvernünftiger Zuneigung immer das Recht, was ihr daher nicht wirklich nützte, und schon am ersten Tag war Mrs. Dorriman in der Lage, ihre täglichen Pflichten wieder aufzunehmen, wie sie feststellte Grace, nicht Margaret, wartete darauf, mit ihr zu sprechen, Grace in einem Zustand der Aufregung, den sie nicht zu unterdrücken versuchte, die sich mit einer Hingabe und Heftigkeit in das Thema ihrer Sorgen stürzte, was weit ging, um die sanfte kleine Frau, die erwartet wurde, in Angst und Schrecken zu versetzen alles in einem Atemzug und im Handumdrehen zu trösten, zu verstehen und mitzufühlen.

„Dein Bruder hasst mich, warum hat er uns hier?" Grace begann; „Es ist grausam! Warum lässt er uns nicht dorthin gehen, wo wir auf jeden Fall frei wären und unser eigenes Leben führen könnten, Margaret und ich?"

Sie ging auf und ab, die Hände vor dem Körper verschränkt, und ihr Gesicht war wütend gerötet, und sie hielt hin und wieder inne, um Mrs. Dorriman anzusehen, deren zarte Stirn zerzaust war und deren Haltung von Müdigkeit zeugte.

„Ist irgendetwas passiert? Was ist los? Was ist schief gelaufen?" Ihre Stimme klang für Graces Ohren kalt und unsympathisch. Es wirkte wie ein Tropfen kaltes Wasser auf erhitztes Eisen.

„Natürlich ist es dir egal“, platzte sie heraus, „du kümmerst dich um nichts; nichts scheint dich zu bewegen; nichts erregt dich; aber kannst du nicht sehen, dass meine Schwester und ich elend und elend sind?“

„Grace“, sagte die ältere Frau, und ihre Stimme klang voller echter Freundlichkeit, „würde es Ihnen etwas ausmachen, sich zu setzen? Es macht mir große Mühe, Sie so herumrennen zu sehen, und – ich bin im Moment nicht sehr stark. Das habe ich.“ war in letzter Zeit ziemlich müde.“

„Es tut mir leid“, sagte das Mädchen in etwas hartem Ton und warf sich auf einen Stuhl, da sie das Gefühl hatte, dass alles, was sie zu sagen hatte, schwieriger zu sagen war, da ihr die Art und Weise, wie sie es sagen sollte, fehlte.

„Lass uns alles besprechen, Grace; all die Bitterkeit, all die Enttäuschung, alles, was dich elend macht. Was möchtest du tun? Worüber beklagst du dich besonders?“

„Mr. Sandford ist so unfreundlich: Er spricht so hart zu mir. Ich weiß, dass er mich hasst.“

„Und Sie haben versucht, seine Zuneigung zu gewinnen, Sie haben alles getan, damit er Sie mag?“

„Ich weiß, dass es keinen Zweck hat. Und er schätzt mich überhaupt nicht.“

"Ich weiß dich zu schätzen?"

„In der Schule war ich immer der Erste und jeder wusste, dass ich schlau war – denn – und – hier nimmt er keine Notiz. Wenn er uns nicht mag, warum müssen wir dann hier leben, warum dürfen wir nicht gehen?“ Grace blieb hartnäckig und wollte unbedingt an ihrem Standpunkt festhalten und ihn durchsetzen.

„Ich fürchte, dass du deine Position nie ganz verstanden hast, Grace, dass du wirklich nichts darüber weißt; und wenn ich es dir erkläre, wirst du vielleicht sehr wütend sein.“

„Ich glaube, ich verstehe unsere Position“, sagte Grace mit einer leichten Kopfbewegung, „wir sind seine Mündel, Margaret und ich; er ist unser Vormund.“

„Du liegst völlig falsch, Grace; er ist nichts dergleichen.“

„Warum kümmert er sich dann um uns? Mir wurde immer gesagt, er sei unser Vormund“, und Grace riss die Augen weit auf und sah Mrs. Dorriman an, überrascht von ihrer üblichen Selbstbehauptung.

„Du weißt, dass er, mein Bruder, in keiner Weise mit dir verwandt ist, außer durch Heirat?“

„Ja, das nehme ich an.“

„Als deine Mutter starb – dein Vater war schon lange tot, armes Kind – gab es fast nichts –“ Mrs. Dorriman zögerte. Es schien so schwer, diesem Mädchen zu sagen, was sie ihr zu sagen hatte.

„Nichts! Aber wir haben ein Einkommen, Grace und ich?“

„Sie haben ein kleines Einkommen, weil mein Bruder das kleine Vermögen seiner Frau und Ihrer Tante aufgegeben hat und es zu dem Wenigen, dem sehr Wenigen, das es gab, hinzufügte und es geschickt verwaltete – es gibt, wie Sie sagen, ein kleines Einkommen, aber Grace „Mein liebes Kind, glaubst du, dass ein solches Einkommen es euch beiden ermöglichen würde, so komfortabel zu leben, wie ihr es gewohnt seid? Es gibt etwas mehr als hundert im Jahr.“

"Ist das alles?" fragte Grace, ihr Gesicht war purpurrot; „Wir dachten, das sei nur ein Zuschuss von unserem Geld, wir hätten nie gedacht, dass es nichts anderes gäbe. Sind Sie ganz sicher?“ sie fragte, ihr Gesicht wurde wieder blass; Sie fühlte, dass dies ein Schlag war, von dem sie sich nie erholen konnte.

„Mein Bruder heißt dich in seinem Haus willkommen, er lässt mich mein hübsches und ruhiges Zuhause aufgeben, um hierher zu kommen und hier zu sein, damit alles gut geht. Er hat eine raue und harte Art, aber zu dir, Grace, war er gut.“ , dir und Margaret gegenüber war er sehr großzügig.“

„Ist das wirklich die Wahrheit?“ fragte Grace; „Wollen Sie damit sagen, dass wir nichts haben, Margaret und ich, und dass wir nicht seine Verwandten sind? Warum, warum hat er das getan? Er kümmert sich nicht um uns. Was ist sein Motiv?“

„Er kümmerte sich um die Schwester deiner Mutter, Grace. Er liebte seine Frau mit leidenschaftlicher Zuneigung. Die Zeit hat sich nicht verändert. Ihre Sorge galt dir, der Gnade der Welt überlassen. Ist es ihm gegenüber fair, dass seine Freundlichkeit mit Verachtung beantwortet wird?“ dass du, weil du ihm das schuldest, was du tust, Anstoß an seinem Verhalten nehmen und ihn offen herausfordern solltest?“

Grace schwieg, sie blieb stumm aus Überraschung und aus leidenschaftlichem und ungeduldigem Protest gegen die Position, in die sie gebracht wurde. Es war für sie unerträglich, diese Last der Verpflichtung zu tragen, ohne dass Zuneigung sie milderte.

„Er belastet uns mit seinem Pflichtgefühl“, sagte sie schließlich; „Wenn er wirklich großzügig wäre, würde er die Last leichter machen.“

„Er ist ein menschliches Wesen und unvollkommen", sagte die arme Frau Dorriman, die zwar die Wahrheit anerkannte, aber das Gefühl hatte, dass sie undankbar von den Lippen von Grace Rivers kam, die ihm so viel schuldete. „Nun, Grace", fuhr sie nach einem nachdenklichen Schweigen beider fort, „lass uns deine anderen Beschwerden untersuchen. Ich denke, ich habe dir gute Gründe dafür gegeben, das von meinem Bruder angebotene Zuhause anzunehmen. Es ist nicht schön, ich." Es ist für mich alles, was ich am meisten hasse, aber er wählt es und es hat keinen Sinn, zu wünschen, dass es besser wird.

„Dann sind auch Sie von ihm abhängig?" sagte Grace; „Natürlich bist du das, sonst würdest du dein Haus, die Hügel, Felsen und den Fluss, von dem du so viel gesprochen hast, nicht ohne triftigen Grund aufgeben."

„Ich diskutiere nicht meine Position oder meine Beschwerden", sagte Mrs. Dorriman, verletzt von einem nachlässigen Wort, das wahllos vorgeworfen wurde und einen so perfekten Treffer erzielte.

Aber Grace, die diese neue Idee in ihrem Kopf hatte, empfand es viel erträglicher, mit Mrs. Dorriman umzugehen. Sie war eine Leidensgenossin und als solche mitfühlend; Es gab eine spürbare Veränderung in ihrem Ton, als sie sagte:

„Ich denke, in unserem Alter sehen wir manchmal Menschen. Ich habe Angst, wenn ich daran denke, dass vielleicht unsere gesamte Jugend auf diese Weise vergeht und es keine Möglichkeit einer Veränderung gibt."

„Das ist ein ganz natürlicher Gedanke. Ich hatte auch die gleiche Idee. Ich habe bereits mit meinem Bruder gesprochen."

„Und was sagt er?" fragte das Mädchen eifrig.

„Er stimmte zu, sich etwas anzustrengen; dann wurde der arme Jean krank und alles blieb so, wie es war."

„Und jetzt geht es ihr besser, wirst du wieder sprechen?"

„Ja, ich werde noch einmal sprechen; und jetzt noch ein Wort. Ich hoffe, dass das, was ich dir gesagt habe, dich eher dazu bringen wird, meinen Bruder so zu akzeptieren, wie er ist, was auch immer seine Fehler sein mögen. Wie hart er auch anderen gegenüber gewesen sein mag, er war gut und freundlich zu dir.

„Ich muss mich zunächst an die schmerzhafte Vorstellung gewöhnen, ihm so viel zu verdanken", sagte Grace in einem Ton, der alles andere als demütig und voller Gönnerschaft war, auf ihre Art, die Mrs. Dorriman bedauern ließ, dass sie ihr ihre eigene Position offenbart hatte sie, und sie stand bald auf und verließ das Zimmer.

Da Grace freundlicher zu ihr sein wollte, war ihr Verhalten für Mrs. Dorriman eine größere Herausforderung als je zuvor. Unverdiente Unverschämtheit ist schon schlimm genug, aber von einem Mädchen bevormundet zu werden, das kein Taktgefühl und großen Glauben an sich selbst hatte, war eine ganz besondere Prüfung.

Gerade zu dieser Zeit, bevor Mr. Sandford Zeit hatte, den Unterschied in Graces Verhalten zu bemerken, erhielt er einen Brief, der schließlich eine Veränderung im Haushalt herbeiführte, obwohl diese Veränderung den Betroffenen erst allmählich bewusst wurde.

Die Mädchen bemerkten, dass sein Verhalten wichtiger wurde, dass er diesen Brief während des Abendessens mehrmals las und ihn neben seinem Teller aufbewahrte, was in seiner Vorgeschichte unbekannt war; Dann sagte er mit pompöser Stimme zu seiner Schwester:

„Mr. Drayton, ein Mensch, vor dessen Familie ich große Achtung habe, kommt morgen, um sich mit mir über wichtige Angelegenheiten zu beraten. Wir müssen ihn zum Abendessen einladen.“

„Sehr gut“, antwortete Frau Dorriman, ohne sich der Bedeutung bewusst zu sein, die er dieser Ankunft beimaß.

„Er ist ein Mann von enormem Reichtum, enormem Reichtum, und er kommt, um mich zu einigen Investitionen zu befragen.“ Er sprach diese Worte mit großer Nachdruck aus und schaute sich in den drei Gesichtern um, um zu sehen, welchen Eindruck seine Ankündigung gemacht hatte.

"Ist er gut aussehend?" fragte Grace mit einigem Interesse an ihrem Verhalten. „Ist er amüsant?“

„Ist er ein Freund von dir, John?“ fragte Mrs. Dorriman sanft. „Ich habe seinen Namen noch nie gehört.“

Margaret war stumm.

„Woher weiß ich, was Sie für gutaussehend halten“, antwortete er grob. „Er ist ein schöner, kräftiger, gut gebauter Kerl, der viel von der Welt gesehen hat, und er ist ein erfolgreicher Mann, der mehr bedeutet, als nur gut auszusehen oder amüsant zu sein, das kann ich Ihnen sagen.“

„Wenn er die Welt gesehen hat, wird er auf jeden Fall interessant sein“, sagte Frau Dorriman und erhob sich; aber als sie die Tür erreicht hatten, rief er sie zurück und sagte in einem geheimnisvollen Ton:

„Du hast von Gesellschaft gesprochen und davon, den Mädchen eine Chance zu geben. Ich wünsche Margaret nicht weg, aber wenn George Drayton Gefallen an Grace findet, wird sie ihn mitnehmen müssen.“

Frau Dorriman schauderte: Diese Rede erinnerte sie an ihre eigene Jugend, als sie den Ehemann „nehmen" musste, den er für sie ausgewählt hatte.

Der Instinkt gibt einer Frau oft die richtige Waffe, und sie sagte jetzt hastig:

„Wenn du sie das wissen lässt, wenn du ihr das sagst, wird sie sich gegen ihn auflehnen."

Er blickte sie mit der Art von Überraschung an, die ihn immer überkam, wenn sie auch nur ein bisschen von der Weisheit der Schlange zeigte, von der er annahm, dass sie ihr so völlig fehlte.

„Ich denke, Sie haben Recht", sagte er langsam; „Aber ich meine, dass diese Ehe zustande kommt, und Sie verstehen, dass ich von Ihnen erwarte, dass Sie dabei helfen, wenn Sie eine Möglichkeit sehen, ihr zu helfen."

„Wenn ich den Mann mag – wenn ich damit einverstanden bin", sagte sie mit leiser Stimme, aber mit einer für sie ungewöhnlichen Festigkeit. „Und wenn sie ihn mag."

Mr. Sandford lachte wie immer sarkastisch.

„ *Wenn! Wenn! Wenn!* ", rief er. Er wollte etwas sagen, aber da war ein Ausdruck in ihrem Gesicht, der ihn warnte, dass er es besser nicht tun sollte. Er drehte sich abrupt um und ging in sein eigenes Zimmer.

„Grace, mein Schatz!" flüsterte Margaret ihrer Schwester zu, als sie in dieser Nacht am Fenster standen, während die schmutzige Welt vor ihnen in Stille verstummte und die Sterne auf sie herabstrahlten: „Vielleicht ist das der Prinz."

„Das hört sich nicht danach an, Margaret", antwortete sie verächtlich. „Ein Fabrikant und ein Mann, der nicht mehr jung ist."

„Wir können es nicht sagen", sagte Margaret. „Aber es kann sein, oh, ich hoffe, ich hoffe, dass es dein Prinz ist, und dass er charmant ist und alles, was dein Prinz sein sollte."

„Das hoffe ich", sagte Grace ebenfalls flüsternd und mit einer Stimme, die vor unterdrückten Gefühlen zitterte. „Denn, Margaret, es geht mir hier sehr, sehr elend, und manchmal denke ich, wenn ich für mich keinen Ausweg sehe, wenn keine Veränderung eintritt, werde ich sterben. Oh!" rief sie und durchbrach die Stille der Nacht mit einem leidenschaftlichen Schrei, den sie nicht unterdrücken konnte: „Wenn das Leben nichts mehr für mich bereithält als dies, dann gib mir den Tod!"

Kapitel VII.

Diese Endgültigkeit aller Dinge, sei es des Glücks oder des Elends, beendete Jeans lange Krankheit – und die Freude, die Mrs. Dorriman über ihre Genesung empfand, war jetzt oft von Trauer begleitet, wenn sie an die Trennung dachte, die folgen musste.

Ihr Bruder war nachsichtig gewesen, aber seine Geduld durfte nicht überstrapaziert werden. Mrs. Dorriman wusste nichts von den Gefühlsveränderungen, die Mr. Sandford gegenüber ihr und jedem, den sie liebte, sanfter werden ließen. Sie stand ihm nicht länger in der Feindseligkeit gegenüber, in die er sie selbst gebracht hatte. Wenn sie in irgendeiner Weise gegen ihn handelte, wenn sie wüsste, wovor er sich fürchtete, könnte sie wissen, dass er davon überzeugt war, dass die Erkenntnis ohne Verständnis gekommen war. Ihre große Sanftmut war für ihn etwas Beruhigendes, ihre Freundlichkeit gegenüber ihrer alten Dienerin, die ungebrochene Fröhlichkeit ihr gegenüber war eine Art Überraschung für ihn. Er fand sie in seinen Augen nicht mehr als eine schwache Frau, die er an seiner Seite und unter seiner Autorität halten konnte, sondern als eine Frau voller unerwarteter Zärtlichkeit. Sich selbst gegenüber verlieh ihr die Gewohnheit der Jahre eine gewisse Unterwürfigkeit; Während er oft wach dalag, begann er sich zu wünschen, dass dies geändert werden könnte. Aber Zuneigung! Er hatte keine Hoffnung, keinen Glauben daran, dass sie ihm etwas Gutes tun würde. Er hatte ihr Leben ruiniert; ihr niedergeschlagener Geist war ein beständiger Beweis dafür; und dann würde er sich selbst auslachen.

Seine Krankheit musste eine gewisse Schwäche hinterlassen haben – warum begann er jetzt so zu denken? Sein ganzes Leben lang, seit dem Tod seiner Frau, hatte er nirgendwo Liebe geschenkt und auch keine erwartet. Dann ließ ihn die unangenehme Erinnerung an die Rede des Arztes über wiederkehrende Krankheiten erschaudern. Wenn er krank wäre, wie könnte er seine Pläne verwirklichen, wie könnte er zu der Position aufsteigen, die er erreichen wollte?

Er war ein weitaus reicherer Mann, als man dachte, und er häufte Geld an. Wenn er aus all den Risiken des Handels, die ihm so wenig gefielen, das geschafft hatte, was er absichern wollte, kaufte er den Ort, an dem einst die Leute seiner Frau gelebt hatten. Sie hatten ihn verachtet, bis sie herausfanden, dass er reich war, und er wollte hauptsächlich aus diesem Grund auf ihren „hohen Plätzen" sitzen. Er hatte vor, eine Wahl zu gewinnen, in die Grafschaft zurückzukehren und dann – an eine Heirat konnte er nicht denken. Das einzige, rein selbstlose Gefühl, das er hatte, war die Liebe zu seiner Frau und seine Hingabe an ihr Andenken. Er konnte nie daran denken, einen anderen neben sich zu stellen.

Seine Schwester würde dort sein, und dann würde er lange über die Mädchen nachdenken: Grace, die anfing, so bedrückend auf ihn zu wirken, und Margaret, die ein wenig wie *sie war*.

Die arme Frau Dorriman war sich seiner milderten Gefühle ihr gegenüber nicht bewusst und war inzwischen zutiefst beunruhigt und ratlos. Was sie mit dem armen Jean tun sollte, wusste sie nicht. Inchbrae war nicht ihr Zuhause, sie war ihrer Herrin vom alten Ort dorthin gefolgt; Und was für ein Trost könnte es außerdem sein, dort seltsame Gesichter und seltsame Menschen zu sehen? Es war Jean selbst, die den gordischen Knoten durchschlug und die Dinge zum Höhepunkt brachte.

Sie war eine viel zu übermütige Frau, um auch nur einen Augenblick irgendwo als unwillkommener Gast zu bleiben, und sie beschloss, selbst Mr. Sandford aufzusuchen und ihm ein Wort des Dankes für die Unterkunft zu sagen, die er ihr gegeben hatte, und wenn sie es tat Da sie ihn „ruhig" fand, wollte sie sich für ihre eigene Sache einsetzen; eine Sache, die, wenn sie ihre war, auch die von Frau Dorriman war. Jean hatte diesen starken Glauben an sich selbst, der die Triebfeder vieler mutiger Taten ist. Darüber hinaus war sie eine Frau, deren Gebete mit einem Glauben erklangen, der schön und rein war. Obwohl religiöse Phrasen mehr in ihrem Herzen als auf ihren Lippen waren, wurde jede Handlung ihres Lebens in hohem Maße von dieser großen und geheimen Kraft geleitet. Sie war zielstrebig, voller Vorurteile und hatte einen ausgeprägten Sinn für Humor und sah in gewöhnlichen Dingen viel, was sie amüsierte. Sie war Mrs. Dorriman leidenschaftlich ergeben, und obwohl sie zu Recht zu stolz auf sie war, um es irgendjemandem zu erlauben, wusste sie, dass sie jemanden in ihrer Nähe brauchte, der sich mit ihr anfreundete – das, um ihren eigenen Ausdruck zu verwenden gegenüber vielen anderen Menschen hat sie zu schnell „nachgegeben".

Es war genau der Tag, an dem Mr. Drayton erwartet wurde. Mr. Sandford, der über eine Kleinigkeit verärgert war, machte ungewöhnlich viel Aufhebens um etwas beim Frühstück, das nicht gut gemacht war, und schickte es hinaus mit der Anweisung, es noch einmal zuzubereiten.

Mrs. Chalmers, die schon viel von dem Etwas machte, das schwer fällt, wenn alles in der Regel auf einer einfachen Grundlage steht, verlor die Beherrschung, und zwar mit all der Freude, den Mann erreichen zu können, dessen unvorteilhafte Bemerkungen über ihre Auftritte so waren häufig Galle und Wermut zu ihr, erklärte, sie würde hin und wieder gehen und nichts mehr für den Haushalt tun. Sie hüllte sich in ihre Haube und ihren Schal und setzte sich fest auf ihre Loge, in der Hoffnung und sogar in der Erwartung, dass man sie bitten würde, angesichts des erwarteten Besuchers – jedenfalls für diesen Tag – zu bleiben, und war fest entschlossen, von ihr Zugeständnisse zu erhalten ist geblieben.

Doch Mr. Sandford nahm sie mit der ganzen Ignoranz eines Mannes, der sich nie über Einzelheiten Gedanken machen musste und keinen Augenblick an das Abendessen dachte, beim Wort und bestand darauf, dass sie sofort hinging.

Mrs. Dorrimans Bestürzung lehrte ihn zunächst, dass er überstürzt gehandelt hatte, und verärgert und besorgt über die ganze Angelegenheit ging er in sein eigenes Zimmer.

Er versuchte alles zu vergessen und blätterte gerade in einigen Papieren um, als ihn ein lautes Klopfen, offenbar von entschlossener Hand, aus der Fassung brachte.

Jean kam herein, die Haube auf dem Kopf, den Schal über dem Arm, und sah aus, als würde sie gehen, ohne sich jeglicher Störung bewusst zu sein, da sie nie einen Fuß die Treppe hinuntersetzte.

Mr. Sandford starrte sie böse an, er war nicht „ruhig", wie sie sah, also hatte sie vor, ihre Dankbarkeit auszudrücken, was das Richtige war, und dann zu gehen und nicht das Wort über das Bleiben zu verlieren, was sie gerne getan hätte.

Sie war eine hübsche und imposante Figur, ihr freundliches und gemütliches Gesicht, blass von den Auswirkungen ihrer jüngsten Krankheit, war von einer vollständig geflochtenen Spitzenborte umgeben, ihr bedrucktes Kleid war ein zweckorientiertes Kleid und sie hatte einen Schal gefaltet ordentlich über ihre Brust. Sie war das Bild und der Typus der guten, unverdorbenen, altmodischen Landdienerin. Ihr Verhalten war voller Respekt und frei von jeglicher Unterwürfigkeit.

„Ich bin gekommen, um Ihnen meinen Dank auszusprechen, Sir, bevor ich gehe." Sie begann: „Ich habe große Probleme bereitet. Jetzt geht es mir gut, ich werde dir danken und meinen Weg gehen."

„Meine Schwester, nicht ich, hat sich um dich gekümmert", sagte er.

„Das hat sie getan, aber es gibt niemanden wie sie auf der Welt."

Die beiden sahen sich an, ihre scharfen, tapferen blauen Augen sahen den Ausdruck in seinem und konnten ihn nicht verstehen.

„Du hältst viel von meiner Schwester."

„Ich denke die ganze Welt an sie. Sie braucht Liebe, Fürsorge und Freundlichkeit – ich werde ihr immer geben, was ich kann."

„Was wirst du tun, wenn du das verlässt?" fragte er unvermittelt.

„Ich werde mir irgendwo in der Nähe einen Platz suchen. Ja, Herr Sandford, es wird Ihnen nicht gefallen, aber es ist mein einziges Vergnügen, in *ihrer Nähe zu sein* , und sie braucht mich.“

„Welchen Platz wirst du in Renton selbst finden? Dort gibt es keine vornehmen Leute.“

„Ich werde mir einen Platz besorgen. Ich kann alles tun, der Herr wird für mich sorgen“, sagte Jean mit leiser Stimme.

„Warum musst du gehen? Da du und meine Schwester nicht getrennt leben können, bleib“, sagte er; und indem er versuchte, die Tatsache seines Nachgebens aus gütigen Beweggründen zu verbergen, fuhr er streng fort: „Ich wähle nicht, dass meine Schwester rund um die Uhr durch die Straßen von Renton rennt – da Sie und sie sich nicht trennen wollen, bleiben Sie!“

„Ich bin nicht sicher, Sir.“

„Was soll das heißen, Sie sind sich nicht sicher?“

„Ich muss mich von Mrs. Dorrimans Wünschen und anderen Dingen leiten lassen.“

„Nun“, sagte er grob, „ich habe Sie gebeten zu bleiben, und Sie können mit Mrs. Dorriman sprechen und tun, was Sie wollen.“

Er war sich des großen Wunsches bewusst, dass sie bleiben sollte; aber ihm fiel nichts mehr ein, was er sagen könnte.

„Für mich ist kein Platz, Sir, und ich fürchte, Sie sagen es jetzt und werden es hinterher bereuen; und das Ende wäre dann schlimmer als der Anfang. Es würde Frau Dorriman mehr verletzen.“

„Sie können tun und lassen, was Sie wollen“, sagte er und war fester entschlossen, zu bleiben, da sie sich seinem Willen widersetzte, „aber ich kann Ihre Zuneigung zu Mrs. Dorriman nicht mit Ihrer Entschlossenheit, sie zu verlassen, in Einklang bringen.“

"Kannst du nicht?" sagte Jean, ihre blauen Augen blitzten ein wenig. „Können Sie das nicht, Herr? Können Sie nicht erkennen, dass das Brot der Abhängigkeit für sie bitter und für mich bitter ist? Sie haben sie aus ihrem eigenen Zuhause und ihrem eigenen ruhigen Leben entführt – aus irgendeinem Grund – aber ich weiß es war schlecht gemacht. Wenn ich hier bin, ist es ein weiteres Gewicht auf der falschen Seite.

„Tu, was du willst, und verlass mich, im Namen des Himmels!“ rief er ungeduldig.

„Der Himmel hatte nicht viel damit zu tun, dass sie weggebracht wurde“, sagte Jean bestimmt, „aber ich möchte schließlich nicht über das sprechen, was ich unvollkommen weiß. Worüber ich sprechen möchte, ist nur Folgendes: Willst du mich wirklich?" bleiben, und ist das alles ihretwegen oder gibt es noch etwas anderes?"

„Die Frau wird mich in den Wahnsinn treiben!" sagte Herr Sandford. „Was könnte es sonst noch geben? Nein! Ich möchte, dass du bleibst; und was Inchbrae betrifft", sagte er mit leiserer Stimme, „hätte ich gewusst, dass sie sich so sehr darum kümmert –"

„Es war ihr wichtig", sagte Jean; „Sie grüßte, bis ich dachte, sie würde sich erschöpfen; aber sie kommt ein wenig darüber hinweg und sie weiß, dass sie eines Tages zurückkehren wird."

"Ah!" sagte Herr Sandford, „was soll das mit der Rückkehr? Das Haus ist verkauft."

„Ja, es ist verkauft", sagte Jean gelassen, „und kann jederzeit zurückgekauft werden. Deine Schwester kennt die Prophezeiung und wird zu Gottes guter Zeit darauf zurückgreifen. Bis dahin sind wir zufrieden – sie und ich." "

„Die Geschichte einer alten Frau", murmelte Mr. Sandford. „Jetzt wirst du so gut sein, mich zu verlassen."

„Ich wünsche Ihnen einen guten Tag, Sir; es ist kein Abschied, bis ich Mrs. Dorrimans Wünsche kenne."

Jean verließ den Raum und Mr. Sandford nahm seinen Hut und ging hinaus. Nichts, was Jean sagte, hatte für ihn eine große Bedeutung, aber ihre Art beeindruckte ihn; und er machte sich auf den Weg, um ein paar geschäftliche Angelegenheiten zu klären, ohne es auch nur einen Augenblick lang merkwürdig zu finden, dass seine veränderten Gefühle gegenüber seiner Schwester ihn dazu veranlasst hatten, ihre alte Dienerin zu überreden, in seinem Haus zu bleiben.

Als er nach Hause ging, war Mrs. Dorrimans Gesicht fröhlicher, als er es je gesehen hatte.

„Ich würde gerne wissen, wie wir an ein Abendessen kommen sollen", sagte er und fürchtete sich vor ihrem Dank.

„Oh! Bruder, da ist Jean."

„Nun! Was ist damit?"

„Sie ist eine erstklassige Köchin, und sie hat zugestimmt zu bleiben; und sie kommt mit allem zurecht; und es ist wie ein Traum", sagte die arme Frau in einem vollkommenen Anflug von Dankbarkeit, Erleichterung und Glück.

Ihr Bruder sah sie verwundert an.

„Du bist eine seltsame kleine Frau", sagte er, aber nicht unfreundlich. „Es braucht nicht viel, um dich zu verärgern", aber er war trotzdem froh.

Er hatte sich Jean gegenüber immer unwohl gefühlt, seit er herausgefunden hatte, wie sehr seine Schwester in sie verstrickt war; und er war ihr jetzt ziemlich dankbar, dass sie seinen Plan so bereitwillig umgesetzt hatte.

Es war dunkel, als Mr. Drayton eintraf, und nur Mrs. Dorriman wartete darauf, die beiden zu empfangen, die zusammen hereinkamen.

Mr. Drayton war ein gutaussehender Mann mittleren Alters mit einem ausdruckslosen Gesicht und einem Verhalten, das fast so unentschlossen war wie das der armen Mrs. Dorriman; blondes, lockiges Haar, das langsam grau wurde, und eine kindliche Art zu sprechen. Wer ihn auf den ersten Blick beurteilt hätte, hätte sofort gesagt, er sei einer der Männer, die erfolglos durch die Welt gehen. Bis zu einem gewissen Grad zuversichtlich, immer wieder enttäuscht, um dann immer wieder aufzustehen.

Er war sehr abwesend und hörte häufig wichtige Fakten nicht mit, weil er an andere Dinge dachte. Leidenschaftlich und gutherzig, nur bis zu einem gewissen Grad an sich selbst glaubend, von einem stärkeren Geist als seinem eigenen geleitet und Fehler machend, über die er selbst lachte, als es zu spät war, sie zu beheben. Er war groß, extrem schlank, hatte sehr schräge Schultern und war in seiner Kleidung uneinheitlich – einmal trug er grobe und schlecht gemachte Landkleidung, ein anderes Mal hatte er einen Fehler im Schnitt seiner Sachen und in der Form seiner Stiefel .

Sein Vater hatte das Geld verdient und alles ihm hinterlassen. Er war ein liebevoller Sohn und ein höchst enttäuschender Partner gewesen. Die Leute sagten, das Geschäft würde zwei Jahre nicht durchhalten; seit dem Tod seines Vaters hatte er es jetzt sechs Jahre lang zusammengehalten, weil Mr. Drayton eine herzliche Zuneigung für den Manager, Mr. Stevens, hegte, sich von ihm leiten ließ und nichts Wichtiges tat, ohne ihn zu konsultieren.

Herr Sandford hatte zu dieser Zeit ein großes Projekt in der Hand, ein Projekt, das weit mehr Kapital erforderte, als er aufbringen konnte, ohne seine eigenen Investitionen zu beeinträchtigen.

Er hatte Mr. Drayton ein- oder zweimal getroffen und betrachtete ihn als einen Mann, durch den und durch den viel erreicht werden konnte.

Er hatte ihn aus zwei sehr unterschiedlichen Gründen dazu gedrängt, nach Renton zu kommen; Er wollte, dass er Grace Rivers heiratet, und er arrangierte es so vollständig in seinem Kopf, dass er den Fall nicht einmal an Bedingungen knüpfte. Er fing an, Grace nicht mehr zu mögen, sie mischte sich in so viele kleine Dinge ein. Für Mrs. Dorriman war es völlig in Ordnung, das zuzulassen; Sie war und war schon immer eine der Frauen, die dazu geboren waren, von allen um sie herum regiert zu werden, aber er lehnte die ständige Behauptung ihrer selbst ab, die Grace dazu zwang, sozusagen immer auf der Scheibe des Familienlebens zu stehen. unter Ausschluss der anderen.

Sie ärgerte ihn, und vom ersten Moment dieser Entdeckung an hatte er beschlossen, sie mit jemandem zu verheiraten, der sie ihm aus der Hand nehmen würde, da es in diesen Tagen zu Kommentaren führen könnte, sie auf andere Weise loszuwerden. Er war entschlossen, dass Mr. Drayton, der immer erklärte, er *müsse* heiraten, und der in seinen leichteren Momenten erklärte, dass er von der enormen Menge an Schönheit und Leistung, die er vorfand, zu sehr verwirrt sei, um wählen zu können, nein haben sollte solche Verwirrung jetzt. Was Grace Rivers tun würde, ob sie den Mann mochte oder nicht, war für ihn keine Frage, er hatte nie gedacht, dass die Ehe *sie* in irgendeiner Weise beeinflussen würde; Und wäre Mr. Drayton abstoßend und abscheulich oder sogar viel älter gewesen, hätte das in keiner Weise einen Unterschied in seinen Arrangements gemacht. Grace aus dem Weg, Margaret würde ganz allein mit seiner Schwester sein, und er begann, Margaret zu lieben; tatsächlich milderte die Gesellschaft der Frauen um ihn herum seinen Charakter und entwickelte in ihm eine gewisse Freundlichkeit, die ihm noch nie jemand zugetraut hatte. Der einzige weiche Ort in seinem harten Herzen war die Liebe zu seiner Frau gewesen, und seit dieser Zeit hatte er ihren verwaisten Nichten nur uneigennützige Freundlichkeit entgegengebracht. Obwohl er sich sagte, dass alles *ihr* zuliebe geschehen war und dass es sein Glück nicht steigerte, war es dennoch angenehm zu wissen, dass jemand da war, der ihn treffen würde, als er nach einem langen und ermüdenden Tag nach Hause kam. jemand, der sich um die Dinge für ihn kümmerte. Das sanfte Gesicht von Margaret war immer eine angenehme Sache, auf die man sich freuen konnte, und auch was seine Schwester anging, hatten ihr ausgeglichenes Temperament und ihre große Sanftheit ihm, wie wir gesehen haben, eine Art Respekt beigebracht, und sein Misstrauen ihr gegenüber wurde besänftigt ausruhen. Er war nach Hause geeilt, um rechtzeitig zum Bahnhof zu kommen und Mr. Drayton zu treffen.

Diese Person wusste nichts von den vielen Plänen, die im Zusammenhang mit ihm gemacht wurden. Die Länge seiner Reise langweilte ihn ein wenig und er war froh, aus dem Zug auszusteigen. Er war ein zu gutmütiger Mann, um böse zu sein, und er fühlte sich geschmeichelt über die Bedeutung, die Mr. Sandford seinem Kommen beimaß. Das sei so etwas wie Erfolg, sagte er sich, den ein Mann mit so großem Einfluss anstrebe.

Die beiden Männer schickten seinen Koffer zum Haus und gingen gemeinsam hinauf, und bald führte Mr. Sandford seinen Gast nach oben, wo er niemanden außer Mrs. Dorriman vorfand. Das beunruhigte ihn ziemlich; Er hatte vorgehabt, eine Atmosphäre von Geborgenheit und Zuhause zu finden, und die drei saßen so zusammen, wie er sie normalerweise vorfand, und da war nur seine Schwester.

„Wo sind Grace und Margaret?" fragte er mit einem Stirnrunzeln, das Unmut verriet.

„Sie sind in ihr Zimmer gegangen", sagte sie abfällig; „Es ist später als du denkst."

„Ah, Sie sind pünktlich, wie ich sehe", rief Mr. Drayton mit einem hemmungslosen Lachen, das die meisten seiner Bemerkungen begleitete. „Ich muss aufpassen; ich könnte mir vorstellen, dass dein Bruder ein schrecklicher Tyrann im Haushalt ist, so streng. Ich habe recht, nicht wahr?" und er lachte erneut, noch fröhlicher als zuvor, ohne die leiseste Ahnung zu haben, dass er dieses wahre Wort im Scherz gesagt hatte, was oft eine schmerzhafte Wahrheit ist.

Mrs. Dorriman empfand ihr Gespräch schrecklich alltäglicher als je zuvor. Sie hatte sich die Langsamkeit des Zuges zunutze gemacht und war erneut mit Lachen bedacht worden, als sei in der Langweiligkeit ein unbeschreiblich lustiger Witz versteckt. Sie hatte gefragt, ob das Land um Mr. Draytons Haus wie Renton sei; War es genauso rauchig? und er, lachend wie immer, behauptete, es sei schlimmer, viel schlimmer, und dann kam eine Pause. Die arme Frau wurde sich des Schweigens immer nervöser bewusst und beschloss, es zu brechen, aus Angst, etwas zu sagen, das dieses Lachen zurückbringen würde, ohne zu wissen, dass Mr. Drayton selbst schüchtern war und dass er lachte, weil es die einzige Möglichkeit war, es zu verbergen seine Schüchternheit.

Was für schreckliche Leiden muss ein Mann durchmachen, der von Schüchternheit geplagt ist; Eine Frau mag leiden, aber sie hat auf jeden Fall ihre Rechte. Sie mag schüchtern und schüchtern und selbstbewusst sein, das ist alles Teil einer Eigenschaft, die ihr eigen ist, wenn auch in übertriebener Form – aber ein schüchterner Mann!

Zunächst entsteht das Gefühl, als wäre es kein Unglück, sondern ein Fehler; es widerspricht allen vorgefassten Meinungen darüber, was der Charakter eines Mannes sein sollte; es ist fehl am Platz, und der unglückliche Mann, der so geplagt ist, stößt selten auf Mitleid oder Mitgefühl. Mit einer Ahnung dieser Wahrheit verbarg Mr. Drayton seine Schüchternheit hinter einem überwältigenden Maß an Fröhlichkeit. Er war stets, immer und immer wieder bedrückend fröhlich; und nachdem er diesen Charakter einmal angenommen hatte, wurde er bald zu einer festen Gewohnheit. Schließlich ist es weniger belastend, unaufhörlich fröhlich und in scheinbar überschäumender Hochstimmung zu sein, als die Gewohnheit, das Leben durch ein rauchiges Glas zu betrachten und jeden um sich herum durch melancholische Tatsachen und ein verlängertes Gesicht zu deprimieren.

Mr. Sandford kam nun unbeabsichtigt zur Rettung, indem er Mr. Drayton zum Ankleiden trug, und mit einem Seufzer der Erleichterung ging die arme kleine Frau in ihr eigenes Zimmer.

Das Abendessen war fertig, der Gast – mit einer riesigen Hemdbluse – stand auf dem Teppich und unterhielt sich mit Mr. Sandford, als sich die Tür öffnete und Mrs. Dorriman und die beiden Mädchen hereinkamen.

In dem Moment, als sie ihn sahen, verschwand jegliches Interesse an ihm. Sie sahen nur einen wohlhabenden Mann mittleren Alters, dessen Lachen laut und vulgär war. Er war Mr. Sandfords Freund, also hätten sie nichts Besseres erwarten können, dachten sie.

Herr Drayton, der nie verstanden hatte, dass die Menschen, die bei Herrn Sandford lebten, junge Mädchen waren, war erstaunt. Sie schenkten ihm so wenig Beachtung, dass er verärgert war. Er war ein Mann, der es gewohnt war, von allen Rücksicht genommen zu bekommen – besonders von den jungen Damen, die er kannte. Die Gleichgültigkeit, die ihm nun begegnete, erstaunte ihn. Seine amüsantesten Geschichten, die er mit Tränen in den Augen und schallendem Gelächter erzählte, wurden mit großen Augen aufgenommen, ohne dass ein Lächeln in Sicht war. Die Mädchen hielten ihn tatsächlich für lächerlich, und Margarets ernstes junges Gesicht entspannte sich keinen Moment.

Aus Gleichgültigkeit wandelte sich Graces Gesichtsausdruck zu Verachtung, und Mrs. Dorriman trug wie üblich die ganze Last auf ihren Schultern.

Wie diese arme kleine Frau versuchte, ihre Pflicht zu erfüllen! höfliches Interesse zeigen und lächeln, wenn ein Lächeln erwartet wurde; während der undankbare Mann ihr Interesse und ihre Zustimmung als nichts ansah und versuchte, zumindest die Aufmerksamkeit der anderen beiden zu gewinnen.

Selbst für Mr. Sandford, der selbst kein scharfsinniger Beobachter war, lag etwas Angespanntes in Mr. Draytons Lachen, etwas Unfreundliches in Graces Gesichtsausdruck. In dem Moment, als er es entdeckte – in dem Moment, in dem er stillschweigende Missbilligung und Opposition wahrnahm –, war er umso entschlossener, dass diese beiden sich seiner Entscheidung beugen und seine Vereinbarung akzeptieren sollten.

Er bemerkte auch, dass es Margaret war, die die meiste Aufmerksamkeit seines Gastes auf sich zog. Das darf natürlich nicht erlaubt sein; Er muss ihm zunächst zu verstehen geben, dass Margaret nicht infrage kam. Er wunderte sich jedoch nicht darüber. In Margarets Gesichtsausdruck lag eine gewinnende Süße, die jedem gefallen dürfte. Obwohl sie jung war, mangelte es ihrer Schwester an Gelassenheit und Gelassenheit. Es war der Unterschied zwischen einer Figur, die sich selbst völlig vergisst, und einer Figur voller Selbstbewusstsein.

Gespräche sind nie schwieriger, als wenn sie stattfinden sollten, nie krampfhafter, als wenn sich Menschen treffen – die nichts über die Vorlieben oder Abneigungen des anderen wissen – und die nichts von dem leichten Gerede haben, das sich mit Politik, großen Ereignissen usw. beschäftigt letztes neues Lied in ein und demselben Atemzug.

Grace konzentrierte sich auf den Eindruck, den sie machte. Er war uninteressant, aber ihre stille Missbilligung seines lauten Verhaltens würde sie dennoch in die Lage versetzen, all dieser unangebrachten Heiterkeit überlegen zu sein.

Margaret beobachtete Grace und hatte Mitleid mit dem bewusstlosen Mr. Drayton – es tat ihr so leid, dass sie anfing, mit ihm zu reden – und hörte mit dem Gefühl zu, die Witze völlig zu verpassen, als sein Lachen seine Rede unterbrach.

Für Herrn Sandford gab es eine Sache, die ihn zufriedenstellte: Das Abendessen war ausgezeichnet; und diese Tatsache trug wesentlich dazu bei, ihn zu beruhigen. Obwohl Menschen überlegene Wesen sind, neigen sie dazu, diese wichtige Angelegenheit zu spüren, und Herr Sandford war einer der Männer, die jeden Misserfolg in dieser Richtung mit großer Schärfe spürten.

Nachdem er mit spielerischer Heftigkeit die von Margaret begonnenen Gesprächsthemen besprochen hatte, schlug Mr. Drayton eine Bombe ein, indem er zu Mrs. Dorriman sagte:

„Ich habe einen hübschen kleinen Ort gesehen, an dem du bis vor Kurzem gelebt hast. Ich bin rübergegangen, um mir ein Boot anzusehen, von dem ich gehört hatte. Ein hübscher Ort, aber einsam. Ich wage zu behaupten, dass du das Meer satt hast. Das Meer ist eine sehr trostlose Sache." Mir wird schlecht, wenn ich in der Nähe bin, und ich hasse es, wenn ich es sehe!

„Ich liebe das Meer", sagte Frau Dorriman; „Es ist für mich ein Freund und ein Gefährte. In seiner Monotonie liegt für mich immer etwas Großartiges, genauso wie in seinen wütenden Stimmungen. Ich liebe es am liebsten, wenn es Gischtschauer in die Luft schickt und in all seiner Kraft auf mich zustürmt." könnte."

„Was hat Sie dann dazu gebracht – mein lieber Mr. Sandford, ist Ihnen bewusst, dass Sie mir gerade einen heftigen und schmerzhaften Tritt versetzt haben? Ich wünschte um Himmels Willen, Sie würden aufpassen, wenn Sie wüssten, was für einen Schrecken Sie mir gegeben haben!"

„Es tut mir leid", sagte Mr. Sandford, als die Damen aufstanden und gingen.

„Es tut mir leid, dass ich dich verletzt habe, aber du darfst mit meiner Schwester nicht über Inchbrae sprechen. Sie hat dort ihren Mann verloren, und insgesamt ist es ein schmerzhaftes Thema."

„Aber es schien ihr nicht zu gefallen, dass ich darüber sprach."

„Sie verbirgt ihre Gefühle, aber ich versichere Ihnen, dass es kein Thema ist, über das sie sprechen möchte."

„In Ordnung! Ich akzeptiere deine Meinung, aber auf mein Wort, dein Tritt ist immer noch schmerzhaft."

„Ich hatte keine andere Möglichkeit, dich aufzuhalten."

„Dann hast du es mit Absicht gemacht!" und dieses neue Licht auf das Thema löste bei Mr. Drayton den lautesten und längsten Lachanfall aus, den er je erlebt hatte.

Erst am nächsten Tag hatte Mr. Sandford Gelegenheit, Mr. Drayton dieses Wort zu sagen, das ihm klar machen sollte, dass Margaret außerhalb seiner Reichweite war.

Mr. Draytons Idee, sich bei den jungen Damen angenehm zu machen, bestand darin, einige dieser endlosen und nutzlosen Kleinigkeiten zu kaufen, die in sogenannten schicken Lagerhäusern zu finden sind; und Mr. Sandford, der ihn traf, als seine eigene Arbeit erledigt war, stellte fest, dass er mit großer Befriedigung einige vergoldete Ziegen beäugte, die einen wackelnden Wagen aus Perlmuttschalen mit vergoldeten Speichenrädern auf einer Seite schleppten.

„Ich denke, das wird Miss Margaret gefallen", sagte er und sein Gesicht strahlte vor Zufriedenheit.

Mr. Sandfords Gesicht war eine Studie. Dass ein vernünftiges Wesen mit Geld, das auf Investitionen wartet – eine Tatsache allein, die ausreicht, um den Geist eines jeden Menschen zu füllen –, von einem Bastelspielzeug verzaubert werden und tatsächlich Geld dafür ausgeben könnte, war für ihn eine erstaunliche Idee, und er sah Mr. Drayton an genau, als ob er etwas in seinem Gesicht sehen könnte, das darauf ausgelegt war, es ihm zu erklären.

„Sie brauchen sich nicht die Mühe zu machen, meinen Nichten Geschenke zu bringen", begann er schroff, „besonders nicht für Margaret."

„Warum vor allem nicht zu Margaret?" fragte Mr. Drayton, als er seinen Kauf noch einmal mit bewundernden Augen betrachtete.

„Weil Margaret noch ein Kind ist und ihr Leben für sie ziemlich gut geregelt ist."

„Nun, das ist schade. Ich denke, sie ist bei weitem die netteste von beiden. Ich bezweifle, dass Miss Grace einen Anflug von Stolz auf sie hat also", fügte er hinzu und lachte herzlich.

„Ich bin mir nicht sicher, ob ich Stolz für ein Mädchen für unangebracht halte", sagte Mr. Sandford nach kurzem Nachdenken. „Miss Rivers sieht gut aus."

„Nun, ich glaube nicht, dass sie Miss Margaret das Wasser reichen kann", sagte Mr. Drayton. „Nun, es ist nur gut, dass du mir gesagt hast, dass *ihre* Zukunft geklärt ist; ich bin mir überhaupt nicht sicher, überhaupt nicht sicher, es könnte sein, dass ich nicht getroffen wurde."

Sie ließen das Thema hinter sich und wandten sich anderen Dingen zu, aber Mr. Sandford vergaß völlig, eine Sache zu berücksichtigen, nämlich dass der beste Weg, jemanden dazu zu ermutigen, etwas zu mögen oder sich darum zu kümmern, darin besteht, es außerhalb seiner Reichweite zu platzieren – verbotene Früchte sind das Gleiche verlockend wie zu Zeiten unserer Ureltern, und was seine eigenen Wünsche betraf, tat er nie etwas Unklugeres, als diesen Ansporn zu der leicht aufkeimenden Bewunderung hinzuzufügen, die Mr. Drayton für Margaret Rivers empfand.

In der Zwischenzeit diskutierten die Mädchen mit all den gemäßigten Gefühlen der Jugend über ihn, was noch zu der Enttäuschung darüber beitrug, dass er so genau das Gegenteil von dem kommenden Prinzen war, der die arme Grace aus dem widerspenstigen Zuhause retten sollte.

„Sein Lachen geht mir durch den Kopf", sagte Grace kleinlich, als sie vor dem kleinen Spiegel saß und ihr Haar zu Zöpfen auflöste, damit Margaret es bürsten konnte. „Was für ein abscheulicher Mann er ist."

„Nein, nicht abscheulich, denn er ist gutmütig", sagte Margaret sanft, „aber ich wünschte, er würde nicht so lachen; es macht mich so melancholisch; und oh Grace, wie schwer ist es, mit ihm zu reden."

„Schwierig! Sagen wir unmöglich. Und Margaret, wir dachten, es könnte der Prinz sein", und Grace faltete ihre Hände, legte ihr Kinn darauf und starrte sich selbst im Spiegel an.

„Der Prinz wird kommen, Grace; du wirst sehen."

„Nein, Margaret! Ich glaube nicht an ihn. Ich glaube jetzt an nichts. Alle meine Hoffnungen sind tot. Wovon sollen sie leben? Wir werden für immer hier leben, bis wir ganz alt und grau sind, und das werden wir." „Sehe nie jemanden, der jünger ist als Mr. Sandford und seine Freunde, und sehe nie die Welt oder kenne irgendein anderes Leben", und sie senkte in einem Anfall der Verzweiflung den Kopf.

„Grace, Liebling! Du denkst nicht wirklich, dass dir all deine vielen Vollkommenheiten gegeben wurden, nur um sie dann wegzuwerfen; diese Verzweiflung ist anders als dein üblicher strahlender, tapferer Geist; und wir sind jetzt nicht so unglücklich. Es geht dir hier nicht so elend, jetzt, Grace?"

„Ja", sagte Grace grimmig, „mir geht es elend. Ich habe mein Leben hier satt, die Hässlichkeit von allem. Ich hasse es, Margaret. Ich hasse es mehr, als ich sagen kann."

„Und ich wurde immer zufriedener", sagte die arme Margaret mit einem leicht unterdrückten Schluchzen; „Ich bin so viel weniger begabt als du, Liebling, so viel weniger voller rastloser Leben; du musst mir verzeihen, dass ich so anders war, so leicht zufriedenzustellen – es war egoistisch, ich hätte an dich denken können." Sie legte Grace liebevoll in die Arme.

Die Schwestern saßen schweigend da und dann sprach Grace erneut:

„Das einzig Gute, was ich über Mr. Drayton weiß, ist, dass er im Süden lebt; ich beneide ihn darum, ich beneide seine Nähe zu London; das ist das einzige Verdienst, das er hat."

„Als ich sagte, dass er gut gelaunt sei", entgegnete die arme Margaret, die wie immer darauf bedacht war, ihre eigenen Schlussfolgerungen, selbst über Kleinigkeiten, mit denen ihrer Schwester in Einklang zu bringen, „dann glaube ich, dass er im Allgemeinen gut gelaunt ist, aber Ich glaube, wenn er in irgendeiner Weise verärgert oder enttäuscht wäre, würde er ständig wütend sein. Ich glaube nicht, dass er so leicht verzeihen würde.

„Mit anderen Worten, du hältst ihn für rachsüchtig. Nun, Margaret, ich denke, du hast recht. Und ich denke auch, dass er nicht der Rede wert ist, ich halte ihn für hasserfüllt", und Grace stand auf und stellte sich wieder vor ihren Frisiertisch. "Oh!" „Was würde es für mich bedeuten, diesen Ort zu verlassen, noch einmal nach England zu gehen? Auch wenn die Schule ermüdend war, war sie doch besser als das hier. Ich würde alles geben, was ich wert bin." Manchmal träume ich davon, Margaret – ich träume davon, schöne Musik und schöne Stimmen zu hören. Dann wache ich auf – und bin *hier*!

KAPITEL VIII.

Mr. Drayton bemühte sich in der Zwischenzeit mehr darum, mit Margaret zu sprechen, um herauszufinden, wie er ihr gefallen könnte, ohne ein bestimmtes Ziel im Auge zu haben; Aber sie interessierte ihn in erster Linie, und die Tatsache, dass ihr Leben „geordnet" war, machte sie noch interessanter. Außerdem konnte er Grace in Ruhe lassen, weil er allem, was sie sagte und tat, besondere Aufmerksamkeit schenkte. Er war kein sensibler Mann, aber Graces Unverschämtheit war viel zu offenkundig, als dass sie nicht zu ihm nach Hause gegangen wäre. Sie verachtete ihn und zeigte, dass sie dies viel zu offen tat, und aus passiver Missbilligung begann er, sie von ganzem Herzen abzulehnen. Die Mädchen hatten Recht, er war ein rachsüchtiger Charakter. Er war in eine dicke Haut des Selbstwertgefühls gehüllt; Er war gut gelaunt und fröhlich, solange man ihn bewunderte und seine Eitelkeit durch direkte oder indirekte Schmeicheleien befriedigte, aber wenn seine Selbstliebe erst einmal durchbohrt oder verletzt wurde, empörte es sich und wehe der Person, die die Wunde zugefügt hatte.

Sein Besuch neigte sich dem Ende zu; er war seit einigen Tagen bei Mr. Sandford, und bisher war nichts daraus geworden. Grace kam nicht in Frage, und Mr. Sandford sah es. Die Investitionen, die er tätigen wollte, waren ebenfalls unentschlossen; Herr Drayton würde nichts tun, ohne seinen Vorgesetzten zu konsultieren, und wartete darauf, von ihm zu hören. Er verlängerte seinen Besuch um zwei Tage und verbrachte diese beiden Tage damit, Margaret etwas von seinen Gefühlen für sie verständlich zu machen. Mr. Sandford war den ganzen Tag in seinem Büro und Mrs. Dorriman sagte nichts; und obwohl Mr. Draytons Art, Margaret anzuschauen, und seine Abwesenheitsanfälle ihn vielleicht aufgeklärt hätten, dachte er, er hätte das alles so unmöglich gemacht, dass es ihn nie beunruhigte, und in zwei Tagen würde er weg sein.

Aber die alte Geschichte wiederholte sich in diesem Fall. Als Mr. Drayton nach Hause eilte, um mit Margaret zu reden, rutschte er aus, stürzte die ganze Treppe zum Büro hinunter und landete mit einer verletzten Schulter und einem verstauchten Bein auf den Steinplatten unten , und musste natürlich in Renton bleiben.

Herr Sandford musste täglich in sein Büro gehen, im vollen Bewusstsein, dass sein unwillkommener Gast das Beste aus seinen Möglichkeiten machte. Dennoch hoffte er, dass am Ende alles gut werden würde.

Der arme Mr. Drayton bereute seinen Unfall kaum, da er ihn in *ihre Nähe brachte* , Margaret, die Frau seiner Träume. Denn die Liebe war auf gewalttätige Weise zu ihm gekommen, und er musste sich eingestehen, dass es ihm sein ganzes Leben lang elend gehen würde, wenn sie nicht auf ihn hören würde.

Die Liebe spielt auf ihrer Flucht so seltsame Streiche. In diesem Fall verlieh es dem selbstbewussten Mann Schüchternheit; sein lautes Lachen wurde verändert, sein Verhalten wurde sanfter. Er meinte es sehr ernst.

Margaret dachte keinen Moment daran, dass er irgendetwas meinte. Sie hatte großes Mitleid mit ihm, wie es jedes gutherzige Mädchen mit den Leiden von irgendjemandem oder irgendetwas tun könnte , und dieses Mitleid verlieh ihrer Stimme eine noch gefährlichere Sanftheit. Jeden Tag sehnte er sich danach, mit ihr zu sprechen, und verlor den Mut, wenn sie sich ihm näherte. Er wollte unbedingt wissen, was die *Vereinbarung* bedeutete, über die Mr. Sandford nachgedacht hatte. Ich sehnte mich danach, von ihr zu hören, über sich selbst und ihre Zukunft, denn sobald er das wusste, würde sein Kurs klar sein. Wenn es wirklich nichts gäbe, woran ihr Herz interessiert wäre, wäre es dann nicht möglich, die Dinge zu ändern? Sie war so jung, dass sie ihr Schicksal noch nicht hätte treffen können.

Sie war so oft bei Mrs. Dorriman, dass er sie selten allein sah; Es erfüllte ihn mit großer Freude, als er sie eines Nachmittags allein ins Wohnzimmer kommen sah, ein paar Schneeglöckchen und Efeublätter in der Hand. Sie war spazieren gegangen, hatte ihren Umhang zurückgeworfen und den Hut ein wenig vom Kopf geschoben, und sie trat vor, um ein paar Gläser mit ihren Blumen zu füllen, ohne sich seiner Gefühle bewusst zu sein, voller Gedanken, die ihr dabei in den Sinn gekommen waren Sie war draußen und ein Lächeln durchbrach die sanfte Ernsthaftigkeit, die ihr gewohnter Ausdruck war.

„Es müssen noch viele Gläser gefüllt werden", sagte er, während er gefangen auf dem Sofa lag und zusah, wie ihre gewohnten Finger die reinen, weißen Blüten mit dem glänzenden Hintergrund der Blätter immer wieder neu arrangierten.

Sie blickte mit einem kleinen Lächeln und einer verstärkten Farbe auf.

„Diese sollen bis morgen leer stehen; Grace wünscht es. Ich dachte, Sie möchten sich ein paar ansehen, aber morgen wird Grace alle Blumen arrangieren."

„Wozu dient das? Ist morgen ein großes Fest? Miss Grace macht sich im Allgemeinen nicht umsonst die Mühe", sagte er lachend.

„Meine Schwester macht sich die Mühe, wenn sie es für nötig hält", sagte Margaret mit einem hübschen, würdevollen Vorwurf, der sich schnell über die geringste angedeutete Missbilligung ihrer geliebten Grace ärgerte;

„Morgen ist mein Geburtstag. Ich werde siebzehn", sagte sie, im vollen Bewusstsein ihrer fortgeschrittenen Jahre.

„Siebzehn", murmelte er, „nur siebzehn!"

„Hast du gedacht, dass ich mehr oder weniger aussehe?" fragte sie fröhlich.

„Ich hatte gehofft, du wärst mehr als das", sagte er verwirrt; „Ich wusste, dass du noch sehr jung warst, das hat mir dein Onkel erzählt. Er hat mir noch etwas von dir erzählt", fuhr er fort und versuchte, Mut zu fassen, und versuchte, ihr Gesicht zu lesen, das ohne den Anflug von Argwohn ganz und gar ihm zugewandt war seine Süße und Offenheit.

„Ich hoffe, er hat mir einen guten Charakter gegeben."

„Dein Charakter muss nicht gegeben werden; er steht dir ins Gesicht geschrieben."

Er sprach in einem leiseren und eiligeren Ton, und sie blickte ihn erneut überrascht an.

„Ist es wahr? Was meint er, wenn er sagt, dass deine Zukunft geregelt ist? Gibt es jemanden?" brachte er in schnellen, aufgeregten Tönen hervor. Margaret war erschrocken; Wenn ihr Onkel das gesagt hatte, dann meinte er es ernst, und sie wusste genug von seinem Willen, um sich davor zu fürchten, sich allem unterwerfen zu müssen, was er für sie auswählte.

Ihr ganzes Wesen erhob sich aus Protest:

„Mein Leben ist nicht geregelt, obwohl ich nicht weiß, was diese Worte bedeuten, und es gibt niemanden", fügte sie sehr vehement hinzu.

Er sah, wie wahr ihre Worte waren, und eilte weiter, aus Angst, den Mut zu verlieren, nicht sagen zu können, was er sagen wollte, wenn er innehielt.

„Margaret", sagte er in einem Ton, der ihre Aufmerksamkeit erregte, und versuchte, sich aufzurichten, während er ihr Gesicht sah. „Wenn du niemanden hast, wenn es niemanden gibt, wenn du frei bist, gewonnen zu werden, darf ich dann nicht versuchen, dich zu gewinnen?"

Die arme Margaret wich zurück.

"NEIN!" Sie sagte atemlos: „Oh! Nein!"

„Darf ich es nicht versuchen?" er flehte. „Ich bin mehr als doppelt so alt wie du, aber brauchst du das? Ich habe noch nie jemanden geliebt und ich denke, ich könnte dich glücklich machen. Ich sollte nicht erwarten, dass du mich auf die gleiche Weise liebst, und ich könnte dir viel geben, Ich könnte dich mit Luxus umgeben und dir nichts für dein Glück gönnen, du solltest nicht abhängig sein.

„Wenn ich dich für diese Dinge lieben würde, wäre ich unwürdig, siehst du das nicht?“

Er beachtete sie nicht.

„Du weißt, dass dir dieses enge Leben nichts ausmacht, du wärst gerne im Süden, in London, du solltest ein Haus haben, wo du willst, du solltest tun, was dir gefällt.“

„Ich kann nicht“, sagte Margaret, abwechselnd rot und blass, „ich bin sicher, du willst freundlich sein, aber deine Worte sind für mich hasserfüllt. Sie bestechen mich. Nein! Besser irgendwo leben, besser so sein wie wir sind, und wie Sie sagen, wir können nichts anderes sagen, als uns selbst gegenüberzutreten, und oh, beten Sie, sagen Sie niemandem etwas darüber, es ist ganz, ganz unmöglich.

Seine Stimme war von Enttäuschung und einem Gefühl der Hilflosigkeit gebrochen.

„Ich kann es nicht vergessen“, sagte er, und als Margaret Mrs. Dorrimans Stimme hörte, verließ sie eilig den Raum.

Er verweilte bei ihren Worten auf die Art und Weise, wie Menschen es tun, wenn sie eine schmerzhafte Erinnerung umarmen. Da *muss* noch jemand anders sein, dachte er und versuchte sich damit zu trösten, aber vergebens. Seine Eitelkeit war verletzt, aber er war zu sehr in sie verliebt, um das so sehr zu bemerken, dass er grausam verletzt war. Welchen Nutzen hatten die schmeichelhaften Behauptungen seines Volkes? Man hatte ihm immer Erfolg zugesichert, wenn er Erfolg haben wollte, und nun war er gescheitert.

Er war sehr still, verhalten und unglücklich. Er sehnte sich jetzt nach Genesung; Der Ort war ihm verhasst. Er fürchtete sich davor, Margaret wiederzusehen; er hatte Angst, dass Mr. Sandford seine Geschichte lesen könnte; er war gereizt und unruhig und sehr, sehr elend.

Dazu kam noch die Antwort seines vorsichtigen Vorgesetzten, der ihm dringend von Mr. Sandfords Plan abraten und hervorragende Gründe nennen konnte, mit denen er nur zufrieden sein konnte.

Er war sich seiner eigenen Unfähigkeit so sehr bewusst, dass er seine Schlussfolgerung keinen Augenblick bestritt; aber er war an diesem Abend zu verärgert, zu sehr unähnlich zu sich selbst, als dass er sich auf irgendetwas Geschäftliches eingelassen hätte, und er wurde früh in sein eigenes Zimmer gerollt, mit der Begründung, er hätte Kopfschmerzen, und war froh, an diesem Abend der Familienfeier entkommen zu können, und sei allein mit seinem Unglück.

Seine Abwesenheit war keine Überraschung. Mr. Sandford war gleichgültig; Er war ein wenig verärgert über einige Schecks, mit denen er in seinen Geschäftsangelegenheiten konfrontiert worden war, und ein wenig gereizter als sonst, ein wenig härter gegenüber Graces Unzulänglichkeiten und während des gesamten Abendessens sehr gewalttätig und unangenehm zu ihr.

Margaret war immer noch verwirrt. Mr. Draytons Worte hatten sie erregt, und sie tat ihm leid, mehr Leid, als sie ausdrücken konnte, als sie sah, wie sehr er litt. Sie konnte nicht verstehen, wie er irgendeinen Verdienst in ihr sehen konnte, während Grace in der Nähe war; Nur um sicher zu sein, dass Grace so hartnäckig feindselig gewesen war. Ohne das wäre sie, Margaret, entkommen, und Grace hätte viel besser gewusst, was sie sagen sollte. Als sie darüber nachdachte, befürchtete sie, sie sei unfreundlich gewesen, aber sie war so überrascht gewesen.

Erst als die Schwestern in ihrem eigenen Zimmer waren und das Haus für die Nacht still war, erzählte Margaret Grace, was passiert war.

Wenn das Wetter es zuließ, unterhielten sie sich am liebsten, wenn sie an ihrem offenen Fenster standen – einem Fenster, das ein wenig von der Stadt entfernt schien; Die klare Luft dominierte damals den Rauch der geschäftigen Stadt, und was übrig blieb, war kaum wahrnehmbar. Der große tiefblaue Nachthimmel mit seinen „tausend Augen" entschädigte für die trübe Dunkelheit der Tage. Wenn es kühl war, bedeckte sie beide ein Plaid, während die beiden jungen Gesichter in die Stille blickten und dort ihre Gedanken miteinander flüsterten.

„Grace", sagte Margaret mit leiser Stimme, selbst gegenüber ihrer Schwester, ihrem anderen Selbst, schüchtern über das große Ereignis des Tages, „ich habe dir etwas zu sagen, etwas, wovon wir nie zu träumen gewagt hätten, das du sein wirst." sehr überrascht zu hören, wie ich war.

Sie klammerte sich etwas fester an ihre Schwester und legte ihren Arm um ihre Taille.

"Hast du?" fragte Grace verwundert, aber noch nicht besonders neugierig: „Es ist wunderbar, dass an diesem Ort etwas passieren kann. Jeder Tag ist wie der Tag, der zuvor vergangen ist; jeder Tag ist so langweilig und so leer von allem, was uns interessieren kann." um."

„Du wirst überrascht sein, Grace; aber ich möchte, dass du versprichst, ihn nicht auszulachen."

"Ihn auslachen!" wiederholte Grace. „Ist es Herr Sandford?"

„Nein, er weiß nichts, und natürlich dürfen wir es ihm nicht sagen."

„Er – du hast gesagt, ich solle nicht über *ihn lachen* ", sagte Grace, die plötzlich zu Bewusstsein kam. „Hat es irgendetwas mit Mr. Drayton zu tun?"

„Ja", murmelte Margaret mit leiser Stimme, „er hat heute Abend mit mir gesprochen. Er hat mir gesagt, Grace, dass er – mich liebt. Es tat mir so leid."

„Warum sollte es Ihnen leid tun? Es darf nicht in Eile darüber nachgedacht werden; aber wir müssen versuchen, vernünftig damit umzugehen", antwortete Grace.

„Es erfordert nicht viel Nachdenken", sagte Margaret, überrascht, fast verwirrt über den ruhigen Tonfall ihrer Schwester, als ob die Frage abgewogen werden könnte. „Ich habe ihm sofort gesagt, dass das natürlich völlig unmöglich sei."

„Aber du hättest es nicht so eilig machen müssen, warum nicht darüber nachdenken?" Grace sprach, als sei sie enttäuscht.

Margaret war sich des stärksten Schmerzes bewusst, den sie jemals in ihrem Leben erlebt hatte. Sie hielt einen Moment inne, fast atemlos. Ihre Schwester sah also eine mögliche Schlussfolgerung, die ganz anders war als sie selbst: Dass sie dies tat, schien sie gefühlsmäßig noch weiter auseinander zu bringen als je zuvor. „Du selbst hast nichts anderes getan, als ihn auszulachen, wir haben zusammen gelacht", sagte sie mit schmerzerfüllter Stimme; „Er sollte der Prinz werden, und er kam, und Sie selbst sagten, wie alt und uninteressant er sei – vergessen Sie das, Grace?"

„Das vergesse ich nicht, Margaret, Liebling, das ist wahr; aber wenn ich dich zum Lachen ermutigt hätte und dir dadurch die Zukunft verdorben hätte – und mir –", fügte sie leiser hinzu.

„Die Zukunft verdorben!" rief Margaret und wunderte sich: „Wir denken anders. Es tut mir leid, es tat mir sehr leid, weil er sich so sehr um ihn gekümmert hat – aber keine Zukunft mit ihm ist möglich. Denken Sie, Grace, wie genervt wir von seinem lauten Lachen waren, von seinem endlosen Witze, durch seine Art. Wie kommt es, dass du das vergisst?"

„Es ist anders", sagte Grace. „Denken Sie daran, ich sage nicht, nehmen Sie ihn; aber ich sage, Sie haben vielleicht eine Weile darüber nachgedacht. Was hat er gesagt, Margaret, können Sie sich erinnern?"

„Ich kann mich an einige erinnern; er war sehr nett; und er sagte etwas darüber, mich glücklich zu machen und dort zu leben, wo ich wollte, in London oder anderswo, und mir Luxus zu bieten. Ich hasste es, dass er das alles sagte, und ich sagte es auch. Ich sagte es." es war wie eine Bestechung."

„Es war nicht schön", sagte Grace langsam, „er hätte es nicht sagen sollen. Und doch – oh, Margaret!" rief sie inbrünstig aus: „Denken Sie daran, wie nahe wir der Verwirklichung unserer Träume waren! Diesen hasserfüllten Ort zu verlassen – der mich erstickt und elend macht –, wegzugehen, um im Zentrum von allem zu leben, was es wert ist, gelebt zu werden." für!"

Margaret war von dieser Entdeckung völlig überwältigt. Grace war enttäuscht; Sie wünschte, sie würde diesen Mann heiraten, den sie ausgelacht hatte und den sie zum bittersten Spott gemacht hatte, seit sie ihn gesehen hatte und gesehen hatte, dass er dem erwarteten Prinzen, der sie retten sollte, nicht im Geringsten ähnelte!

Das arme Kind kam nicht darüber hinweg. Sie stand still und umarmte sie; aber sie hatte das Gefühl, als wäre ihre Welt zu ihren Füßen in Stücke zerfallen. Sie wurde aus dem tiefsten und grausamsten Schmerz erweckt, als sie spürte, wie Graces Tränen schnell auf sie herabflossen. Grace weinte und sie war die Ursache ihrer Tränen. Sie kämpfte auch mit einem Gefühl der Empörung. Das Gefühl, unfair und ungerecht behandelt zu werden, machte sie nach einem Moment weniger verletzt als vielmehr wütend. Es schien, als hätte ihre Schwester sie in einem der höchsten Momente ihres Lebens im Stich gelassen.

„Grace", sagte sie, nachdem eine lange Stille ihre Stimme verblüffend gemacht zu haben schien, „wenn dir das passiert wäre, hättest du es getan?"

"Wie kann ich sagen?" sagte Grace. „Mir fällt anscheinend nichts ein."

„Aber Sie können es sich vorstellen – Sie können sich in meine Lage versetzen."

„Nein, das kann ich nicht! Wir sind so unterschiedlich – du und ich."

„Und doch dachten wir bis jetzt gleich, Grace. Ich habe immer die Weisheit deiner Gedanken gesehen; du kannst mir sicherlich nicht raten, einen Mann zu heiraten, der mir nie in einem anderen als einem lächerlichen Licht erschienen ist."

„Nein, das rate ich nicht", sagte Grace; „Aber ich kann nicht anders, als zu sehen, dass dies eine Chance für uns beide war und dass sie vertan ist."

Margaret zitterte.

„Es wird kalt", sagte sie abrupt, „und ich bin müde."

Sie küsste ihre Schwester mit einem langen, anhaltenden Kuss. Es war, als würde sie sich von der Schwester verabschieden, die sie gekannt hatte, so sehr hatten ihre Worte ihr Herz berührt und ihr wehgetan.

Grace schlief. Durch das offene Fenster, ohne Jalousien zwischen ihr und den hellen Sternen, die sie so gern betrachtete, lag Margaret wach.

Sie war sich zunächst nur einer deutlichen und tiefen Enttäuschung bewusst. Alle scharfen Reden von Grace über die Minderwertigkeit dieses Mannes waren ihr noch frisch in Erinnerung, und jetzt – sie hielt es für möglich! Dann dachte sie an all ihre hohen Erwartungen, als sie die Schule verließen, und daran, wie Grace zu einer Art Anführerin unter ihnen gemacht worden war. Grace, die nie wirklich gearbeitet hatte, die Dinge nur dann tat, wenn sie dazu Lust hatte, deren Arbeit oft für sie erledigt wurde und die alles als selbstverständlich ansah, weil es ihrem persönlichen Einfluss geschuldet war – warum hatte sie diese Position? aufgenommen? Es folgten sanftere Gedanken; Wie oft hatte Grace sie während ihres langen Schulaufenthalts vor der Unterdrückung anderer verteidigt. Wie oft hatte sie ihren Einfluss zu ihren Gunsten genutzt; Wie oft blieb sie stehen, bis sie ein Zugeständnis für sich erwirkt hatte.

Liebevolle Worte und Zärtlichkeiten, die unzähligen kleinen Taten, die Schwestern zusammenschweißen, schwebten vor ihr. Die unzähligen Zeiten, in denen sie voller Stolz gewesen war; und wie stolz sie auf Grace war. Wenn sie gesehen werden könnte; Wenn die Welt sie nur sehen könnte, hätte sie es zu ihren Füßen – so hatte sie immer gedacht, so dachte sie immer noch. Dann kam mir blitzschnell der Gedanke: „Könnte ich das schaffen?" Sie dachte an alles, was es Grace bringen könnte; von den vielen Dingen, die sie in ihrer Macht haben könnte; und sie fühlte sich erneut verwirrt; ihr Gehirn wurde müde; Ihre Augen schlossen sich und ihre Lippen formten die Worte: „Ich kann es nicht", während sie in den Schlaf versank.

Die Sterne blickten auf ihr unschuldiges Gesicht herab – zerzaust von der ersten echten Sorge oder Trauer, die es je gekannt hatte – und verblassten, als der Tag stärker wurde; Und dann kam die Glut des frühen Morgens und die langen Lichtstrahlen überall, und ihr siebzehnter Geburtstag war gekommen.

Sie begegnete Mr. Drayton an diesem Tag mit einem überwältigenden Gefühl der Bewusstheit, aber sein Verhalten beruhigte sie, vielleicht hatte sie – ganz unabsichtlich – Grace und sich selbst gegenüber seine Verzweiflung und seine Leidenschaft übertrieben, denn er begegnete ihr mit einem Lächeln außer Wohlwollen war nichts zu erkennen, und er gratulierte ihr, dass sie auf eine Art und Weise ein so hohes Alter erreicht hatte; Dann holte er sein Geburtstagsgeschenk hervor, einen tief mit Steinen besetzten Ring, und drückte ihn ihr mit einem halb lachenden Hinweis auf die Erlaubnis ihres Onkels, Mr. Sandford, in die Hand. Sie nahm es widerwillig an, weil sie befürchtete, dass sie ihm durch die Einnahme irgendwie Anlass zu der Annahme geben würde, dass sie sich ändern könnte, und sie hatte das Gefühl, dass für sie keine Veränderung möglich sei. Aber sie musste es annehmen und anziehen, und im Großen und Ganzen verlief der Tag gut.

Mr. Sandford suchte ängstlich nach Anzeichen einer Sympathie zwischen Mr. Drayton und Grace und war erneut enttäuscht, als er nichts sah.

Mr. Drayton musste gehen, und sein Weggang machte allen Hoffnungen auf eine Investition ein Ende, und die Enttäuschung in zwei Richtungen machte sich in der Heimatgesellschaft bemerkbar, wurde aber von Mrs. Dorriman, deren Pflicht es im Allgemeinen zu sein schien, geschickt verschleiert sein, in der Bresche zu stehen und alle Stürme und Unannehmlichkeiten beiseite zu schieben.

Diese Dinge ließen Herrn Sandford jedoch erneut an die Vergangenheit denken. Das Interesse an der Gegenwart und die Sorge, die er verspürt hatte, die Dinge zu regeln, hatten die Vergangenheit noch weiter von ihm entfernt.

Als die arme Frau Dorriman sah, wie ihr Bruder sie anstarrte, dachte sie kaum darüber nach, wie er sie auf der Waage hielt, und fragte sich, ob sie sich jetzt in Sachen dieser Papiere nachgiebiger zeigen würde und wie er am besten mit ihr darüber reden könnte ihnen.

Sie selbst hatte das Thema beiseite gelegt, als sie sein Haus zum ersten Mal betrat. Sie hatte die verwirrte Vorstellung, dass es schon ein Verrat wäre, nur daran zu denken, während sie unter seinem Dach war; Nachdem sie dies getan hatte, füllten die Gesellschaft von Margaret und die kleinen Haushaltspflichten ihre Zeit und ihre Gedanken aus; Sie bemühte sich sehr, ihre Pflicht zu erfüllen, und sie tat es gut, indem sie nichts einer geteilten Aufmerksamkeit schenkte. Nach und nach gerieten die Papiere und ihr möglicher Inhalt in Vergessenheit. Sie hatte das Bewusstsein, dass sie da waren, aber sie waren jetzt nicht vor ihrem geistigen Auge.

Mr. Sandford hätte etwas sagen können, wenn seine Aufmerksamkeit nicht auf Grace gelenkt worden wäre. Sie hatte einige Worte gesprochen, die selbst die sanfte Frau Dorriman in Empörung versetzt hatten, denn die Worte betrafen Jean.

„Ihre Krankheit war nicht viel", sagte sie, „und sie hatte Recht. Sie hat die arme Mrs. Chalmers herausgeholt und ist in ihre Fußstapfen getreten. Ich selbst mochte Mrs. Chalmers."

„Es ist sehr unfair, das über Jean zu sagen", sagte Frau Dorriman mit erhöhter Farbe; „Sie hat sich nie eingemischt oder eingegriffen, und ich habe sie nie gebeten zu bleiben; sie ist geblieben, weil Mrs. Chalmers plötzlich gegangen ist und wir sonst niemanden hatten."

„Ja, meine liebe Frau Dorriman, aber *warum* ist sie so plötzlich gegangen? und sie argumentierte nur, weil sie keine andere Möglichkeit hatte, ihren aufgewühlten Gefühlen Luft zu machen. Sie war unverhältnismäßig verärgert, erstens, weil Mr. Drayton nicht das war, was sie erwartet hatte, und dann, weil aus seinem Besuch etwas geworden sein könnte, aber nichts geschehen war, und sie die Monotonie der Tage vor sich sah und nichts, keine Aufregung, nichts drin Sicht. Ihre Stimmung war schlecht, und wenn das der Fall war, war sie immer verärgert.

„Worauf willst du hinaus?" rief Herr Sandford wütend aus; "was weißt du darüber?"

„Nur, dass es dieser Highland-Frau, Mrs. Dorrimans Dienerin, gelungen ist, Mrs. Chalmers aus dem Haus zu holen. Ich nehme an, ich habe vielleicht eine Meinung zu diesem Thema?" sagte Grace, ihre Farbe stieg und auch ihr Temperament stieg.

„Sie haben nicht das Recht, so etwas zu sagen", donnerte Mr. Sandford, zu wütend, um seine Stimme zu zügeln, was Schrecken in die schüchterne Seele seiner Schwester jagte und Margaret erblassen ließ, während sie instinktiv aufstand und neben Grace stand; „Mrs. Chalmers wagte es, *mir* gegenüber unverschämt zu sein, und sie ging, wie alle Leute es erwarten können, die es wagen, mir oder meinen gegenüber unverschämt zu sein."

„Wenn *Sie* eine Meinung haben, kann ich meine sein", beharrte Grace, zu sehr aufgeweckt, um Angst vor ihm zu haben.

„Sie haben vielleicht eine Meinung, aber Sie haben nicht das Recht, sie in meinem Haus zu äußern", antwortete er, noch mehr verärgert über ihr Verhalten; „Darauf können Sie warten, bis Sie ein eigenes Haus haben, was mir sehr problematisch erscheint, da kein Mann Lust hätte, eine ärgerliche, eingebildete junge Frau zur Frau zu haben, die weder Vermögen noch Aussehen noch Single hat Empfehlung."

Grace war blass vor Wut. Margaret drehte sich wie eine junge Löwin zu ihm um.

„Wie kann man so unfreundliche, so unwahre Dinge sagen?" rief sie leidenschaftlich aus. „Oh! Grace, mein Liebling, höre nicht auf ihn."

„Ich achte nicht auf ihn", sagte Grace großartig, unfassbar verletzt und verletzt und zitternd vor Leidenschaft, „aber ich möchte wissen, warum du uns in deinem Haus behältst, obwohl du uns so offensichtlich hasst – wir werden nicht bleiben, das werden wir." Geh. Du hast uns ein Zuhause geboten, und jetzt sprichst du, als wären wir eine Last. Wir werden gehen, Margaret.

„Sprich für dich selbst, ich habe dir ein Zuhause für jemanden angeboten, den ich liebte. Ich kannte dich damals noch nicht. Als ich sah, wer du warst, hielt ich dir dieses Zuhause immer noch offen, um deiner Schwester willen Du bist ihr in allem überlegen, du hast sie glauben lassen, dass du ihr in allen

Dingen überlegen bist, aber sie ist mehr wert als du, und so wird jeder vernünftige Mann so denken, wie er dich kennt."

Grace hatte mittlerweile Tränen in den Augen, und Margaret versuchte, sie dazu zu bringen, den Raum zu verlassen, aber sie mühte sich vorwärts, sie wollte nicht gehen, bis sie etwas gesagt hatte, und sie meinte, das letzte Wort sei sehr schneidend.

„Bruder", sagte Mrs. Dorriman flehend, „du liegst falsch; du sagst jetzt in der Hitze der Leidenschaft Dinge, die dir hinterher leid tun werden. Es ist schwer, gezwungen zu sein, das Brot der Abhängigkeit zu essen und zu haben." es fiel auf dich."

„Es ist ihre eigene Schuld", sagte er wütend; „Sie tritt so auf, als befände sie sich über dem Boden, auf den sie tritt. Es macht mich krank, wie sie redet, und sie muss es hören!"

„Verschonen Sie sie jetzt."

„Oh! Ich werde sie verschonen, aber sie muss den Kopf senken; selbst Drayton hätte ihr nichts zu sagen, obwohl ich mein Bestes tat und sie in den Himmel lobte, als ich mit ihm sprach."

„Das ist mehr als genug!" schluchzte Grace, als Margaret, die sich an sie klammerte, in ihr eigenes Zimmer eilte, und die Schwestern schluchzten in den Armen der anderen ihr Elend aus.

Aber Weinen würde ihnen nicht helfen; sie beschlossen, das Haus zu verlassen, weit weg von diesem Ort, *den* sie nicht genau wussten; Sie kannten niemanden außer ihrer Schulleiterin, und nachdem sie sie mit Bravour verlassen hatten, kam es ihnen schrecklich vor, zurückgehen zu müssen und sich dem Staunen und dem Mitleid stellen zu müssen, das ihnen begegnen würde.

Sie waren beide so jung und so unerfahren. Sie saßen da und dachten nach, jetzt waren sie nicht ganz unglücklich, denn sie spürten eine Art Aufregung und waren zusammen.

Grace kam in diesem Moment nicht umhin, darüber nachzudenken, was ein kleiner Anfang im Allgemeinen zu großen Schlussfolgerungen führt – dieser Anfang war so sehr, sehr unbedeutend gewesen.

Eines Tages war sie auf und ab gelaufen, um sich so viel Bewegung zu verschaffen, wie sie es für ihr Wohlbefinden für nötig hielt. Der Tag war feucht gewesen und sie blieb auf dem Kies vor dem Haus.

Jean, die am offenen Fenster stand und versuchte, sich zu stärken, sprach mit ihrer satten, gutturalen Stimme zu Mrs. Dorriman, die zwar außer Sichtweite im Zimmer war und sie beobachtete.

Grace war sich ihrer Beobachtung bewusst – wenn auch nur der Beobachtung einer alten Frau –, die stolz auf ihre Art war, sich zu bewegen, und ging mit noch mehr Anmut als sonst vor und zurück. Sie hörte Jean sagen:

„Welche Mädchen gehen Miss Rivers hierher und hüpfen von einer Seite zur anderen?"

Und dann beantwortete sie einen Moment später ihre eigene Frage:

„Ja, der Kies ist hart; und sie wird Hühneraugen haben."

Grace zog sich mit einem Gefühl des Hasses gegen sie zurück. Dieser kleine Affront war der Grund für ihre Unverschämtheit gegenüber Mrs. Dorriman und allem, was darauf folgte.

In dieser Nacht konnte nichts getan werden, und als der lange, kühle Abend zu Ende ging, krochen die Schwestern ins Bett. Sie hatten keinen Entschluss gefasst, sie hatten nur vor, wegzugehen; Es ist jedoch anzumerken, dass sich Graces Überlegenheit in dieser Notlage nicht durchsetzen konnte – es war Margaret, an die sie sich wandte; Margaret, die, kaum über die Kindheit hinaus, für beides denken sollte.

Das Letzte, was Mr. Sandford wollte, war, dass die Schwierigkeit, sich mit zwei Mädchen anzufreunden, die keinen wirklichen Anspruch auf ihn hatten, in irgendeiner Weise gelöst werden sollte, die sich negativ auf die von ihm eingenommene Position auswirkte. Wenn sie sein Haus verließen, würde ganz Renton davon erfahren und ihre eigene Schlussfolgerung daraus ziehen.

Wie alle Menschen, die voller Leidenschaft handeln und reden, war er sehr wütend, wenn man ihn beim Wort nahm. Es fiel ihm so leicht, seine harten Worte zu vergessen, dass er nie verstehen konnte, dass andere Menschen dabei Schwierigkeiten haben sollten.

Er hatte Grace verletzen und zu Fall bringen wollen und war dann über ihren Rückzug verärgert. Mrs. Dorriman hatte seiner Tyrannei in alten Zeiten so oft geschadet, dass sie die Mädchen vollkommen verstehen und mit ihnen sympathisieren konnte; und die unaufhörliche Unhöflichkeit von Grace sich selbst gegenüber hinderte sie nicht daran, Mitgefühl für sie zu empfinden.

Mr. Sandford hatte angedeutet und beinahe gesagt, er hätte Mr. Drayton sozusagen Grace angeboten, der nichts von ihr wollte. Sie war weiblich genug, um sich über die Beleidigung Graces als Repräsentantin der Mädchenhaftigkeit zu ärgern, und darüber war sie so empört über ihren Bruder, dass sie vorerst jegliches Gefühl der Angst verlor. Er wollte nicht nach oben kommen, aber er ließ sie bitten, zu ihm in sein eigenes Zimmer zu gehen, wo er saß und lange Rauchwolken durch das Zimmer sandte. Er sah, wie sie auf seine Pfeife blickte und legte sie hin – die Tat allein sprach von einem veränderten Gefühl ihr gegenüber. Sie erinnerte sich noch gut daran, wie hartnäckig er sie damals dazu gebracht hatte, für ihn zu schreiben und mit ihm zu reden, während der Rauch seiner Pfeife sie so krank gemacht hatte, dass sie beides kaum tun konnte.

„Nun! Was ist zu tun?" begann er und blickte sie scharf unter seinen struppigen Brauen an.

„Ich bin sicher, ich weiß es nicht", antwortete sie hilflos.

„Nun, du solltest besser darüber nachdenken. Was nützt es, eine Frau zu sein, wenn du die Dinge nicht arrangieren kannst?"

Und Mrs. Dorriman dachte; und sprach dann ihre Gedanken aus – etwas Neues für sie, als es um ihren Bruder ging.

KAPITEL IX.

Mrs. Dorriman sprach, wie die meisten schüchternen Menschen, schnell, wenn sie etwas zu sagen hatte, was sie Mühe kostete, und sagte ziemlich unvermittelt, wenn auch mit einer leicht abwertenden Miene: „Sehen Sie, Sie haben sich geirrt – das müssen Sie jetzt spüren." "

„Ich spüre nichts dergleichen, und ich sehe es auch nicht. Das ist ein neuer Ton für dich, den ich mitnehmen kann."

„Es ist gerade der richtige Ton, Sie haben mich gebeten, dabei zu helfen, herauszufinden, was getan werden könnte. Grace kann niemals verzeihen, was Sie gesagt haben – niemals."

"Warum nicht?"

„War da etwas Wahres dran? Haben Sie wirklich mit Mr. Drayton über sie gesprochen?"

Mr. Sandford saß da und schaute direkt vor sich hin. Er konnte sich zunächst nicht mehr ganz daran erinnern, wie es gewesen war. Hatte Mr. Drayton zuerst gesprochen oder hatte er Grace ihm gegenüber als erstes erwähnt? Dann erinnerte er sich: „Drayton sprach von Margaret. Er sagte bewundernd etwas über sie. Ich wollte nicht, dass er eine Ahnung von Margaret hatte – ich wusste nicht, wie weit das gehen würde. Ich wünschte, er würde Grace mögen, und das sagte ich auch." Ja, das stimmt. Er wollte es nicht sehen, und es wunderte mich nicht, aber er war auf jeden Fall der Erste, der darauf hinwies.

„Dann ist es für sie nicht ganz so schlimm. Darf ich ihnen das sagen?"

„Du kannst ihnen alles sagen, was du willst."

„Ich möchte ihnen nur die Wahrheit sagen."

„Ganz wie es Ihnen gefällt."

"Bruder!" und Frau Dorriman beugte sich ein wenig vor, und ihr sanftes Gesicht errötete ein wenig. „Diese Kinder leben auf Ihren Wunsch hier bei Ihnen; Sie dürfen es ihnen nicht schwer machen."

„Saul unter den Propheten! Nun, Sie erscheinen in einem ganz neuen Licht."

Mrs. Dorriman schreckte wieder zurück. Sie hätte ihm antworten und sagen können, dass sie für diese Mädchen mehr Mut habe als für sich selbst, aber sie kannte die Weisheit des Schweigens und schwieg.

„Was glauben Sie, was sie tun werden?" Er stellte die Frage mit scheinbarer Gleichgültigkeit.

„Ich denke, sie werden gehen. Sie sind beide übermütige Mädchen. Margaret spürt es so sehr – sie empfindet jede Demütigung, die Grace gegenüber erfahren wird, noch mehr als Grace selbst; sie ist ihrer Schwester vollkommen ergeben."

„Sie müssen verhindern, dass sie gehen – jedenfalls auf diese Weise", sagte er, ohne sie anzusehen, sondern direkt ins Feuer zu schauen.

„Wie kann ich das verhindern?" sagte die arme Frau hilflos; Sie hatte das Gefühl, dass ihr das Leben sehr schwer fiel.

Er antwortete ihr nicht, sondern blickte weiter direkt vor sich hin.

Dann kam ihr eine Inspiration. „Wenn ich mit ihnen irgendwohin gehen würde, würden sie vielleicht nach einer Weile zurückkommen."

„Das würde reichen", sagte er langsam.

„Es würde etwas kosten", sagte sie, immer nervös, wenn es um Geld ginge, und sah ihn besorgt an.

„Du kannst jedes Geld haben, das du willst", sagte er nachlässig. „Wann würdest du gehen?"

„Wir sollten sofort gehen – morgen. Ich bin mir ziemlich sicher, dass die Mädchen bei Tageslicht frei haben wollen." Sie dachte bei sich, wenn sie so beleidigt gewesen wäre, hätte sie nicht bis zum Morgengrauen gewartet. „Ich denke, es ist besser, so schnell wie möglich zu gehen, und Jean wird sich um dich kümmern."

„Ich habe keine Angst vor mir selbst, danke; es geht nur zurück in die Tage vor deiner Ankunft."

Sie sagte nichts mehr, wünschte ihm aber eine gute Nacht und ging nach oben. Der morgige Tag ließ nur wenig Zeit für irgendwelche Vorbereitungen, und dann musste sie vereinbaren, wohin sie mit den Mädchen gehen konnte. In dieser Angelegenheit könnte sie sich vielleicht von ihren Wünschen leiten lassen. Sie rief Jean an, der sich normalerweise für sie einsetzte, und erzählte ihr in knappen Worten, was passieren würde.

Jean war ziemlich verblüfft, und ihr erster Gedanke galt nicht unnatürlicherweise sich selbst. „Bin ich es, Ma'am, der sich um Mr. Sandford kümmern muss? Ich werde nie in der Lage sein, mit ihm klarzukommen."

„Ja, das wirst du, lieber Jean, du erfreust ihn jetzt schon, er sagt immer, wie gut alles gemacht ist."

„Oh, ich habe keine Angst um ihn, wenn es ihm gut geht", sagte Jean energisch, „aber was soll ich tun, wenn er *wild wird*? Dann werde ich um mein Leben vor ihm fürchten müssen."

„Oh, Jean, machen Sie keine Schwierigkeiten", sagte die arme Frau Dorriman; „Es ist schwer genug, und in der weiten Welt weiß ich nicht, wohin ich mit diesen Mädchen gehe!"

„Das ist schlimm", sagte Jean und hatte volles Verständnis für die Lage der Dinge; „Es ist ein harter Fall, an einen Ort zu gehen, an dem es keine Unterkunft gibt, auch mit den Kindern anderer Leute!" Sie machte keine weiteren Schwierigkeiten, sie bereitete alles vor, aber sie riet Mrs. Dorriman dringend, die Mädchen nicht zu früh gehen zu lassen. „Gehen Sie zu einer angemessenen Zeit, und warum nicht?" sie bestand darauf. „Was nützt es, die Zungen der Leute zum Wackeln zu bringen? Sie werden zwar reden, ob oder nicht, aber es schadet nichts, wenn die Dinge, die sie sagen, keine Beine haben, auf denen sie stehen können."

Der frühe Morgen weckte Grace und Margaret, und sie gingen zum Fenster und schauten hinaus.

Die Nacht war hell gewesen, und obwohl der Mond nicht zu sehen war, gab es dieses sanfte Sternenlicht, das so geheimnisvoll und schön ist. Mit der vagen Hoffnung, einen schönen Morgen zu sehen, der sie inspirieren würde, näherten sie sich und starrten ausdruckslos auf die Szene vor ihnen.

Ein grauer, bleifarbener Himmel, ein hoffnungsloser, erbarmungsloser Regen, überall Schlamm und alles freudlos, schlaff und elend.

Tränen traten in Graces Augen und sie und Margaret klammerten sich für einen Moment aneinander.

„Wir müssen gehen", sagte Margaret, der nichts anderes möglich schien.

„Ich schätze, das müssen wir", sagte Grace und blickte ausdruckslos vor sich hin.

Ihre Stimmung sank. Margaret bewegte sich sanft, um niemanden zu stören, und zog erst eine, dann die andere ihrer Kisten heraus. Sie war entschlossen, die Vorbereitungen fortzusetzen. Diese Worte von Mr. Sandford über Mr. Drayton hatten sie noch tiefer verletzt als Grace; Und dann kam dieser schreckliche Gedanke: War *sein* Angebot die Konsequenz einer Aussage von Mr. Sandford? Wenn ja, wie froh war sie dann doppelt, dass alles so endete, wie es gekommen war. Grace, die immer leicht von den Umständen beeinflusst werden konnte, befand sich in einem schrecklichen Zustand der Depression.

Sie drehte ein- oder zweimal den Kopf und beobachtete Margaret, aber sie bot ihr nie ihre Hilfe an. Sie hasste Unbehagen so sehr! und die Aussicht, hinauszugehen und sich dem Dreck, dem Regen und der Kälte zu stellen, brach sie zusammen. Ihr Geist hatte sie verlassen, und als sie dort saß, eine Decke über sich geworfen, weinte sie jämmerlich.

Margaret war zu beschäftigt, um zu bemerken, dass das Gesicht ihrer Schwester beharrlich von ihr abgewandt war. Sie kniete vor der Tür, während sie mit ein wenig vor Kälte und teilweise vor Aufregung zitternden Händen ihre schwersten Besitztümer auf den Boden der Kisten legte. Sie würde sich keine Zeit nehmen, über die Zukunft nachzudenken, wohin sie gehen oder was sie tun sollten. Entkommen – das war ihr Gedanke, sich von dieser hasserfüllten Position für Grace fernzuhalten, sie vor jeder Möglichkeit zu schützen, noch einmal etwas so Hartes zu hören …

Sie ging geräuschlos und mechanisch weiter und bemühte sich, die kleine alte Arbeitskiste möglichst wenig Platz einzunehmen, und platzierte sie seitlich und längs mit der Sorgfalt im Detail, die oft das Ergebnis großer Aufregung ist, als sie durch ein Klopfen an der Tür aufgeschreckt wurde .

Die Schwestern schlossen sich unwillkürlich zusammen – Grace hatte die Tränen aus ihrem Gesicht gewischt. Es war Jean, ein Tablett in ihren Händen und etwas heißen Tee für sie. Sie erfasste das Ganze mit einem Blick, sah den deprimierten Ausdruck in Graces Gesicht und Margarets entschlossenen Ausdruck.

„Meine Kinder“, sagte die gute Frau, „wenn ich euch, ohne euch zu beleidigen, so nennen darf – ich habe gehört, wie ihr euch bewegt; die Arbeit ist krank mit leerem Magen und die Morgenkälte. Nehmt euren Tee, er wird euch gut tun.“. Und jetzt“, fuhr sie fort, als die Mädchen ihren Rat befolgten, „worum geht es?“

„Mr. Sandford hat uns grausam beleidigt“, sagte Margaret und errötete, „und wir gehen.“

„Und wohin werdet ihr gehen?“

„Ich – wir wissen es nicht – aber wir *müssen* von hier weg“, stimmten die beiden jungen Stimmen zu.

„Nun, es steht mir nicht zu, zu predigen – eine Beleidigung kann man nicht ertragen –, aber Mrs. Dorriman hat Kopfschmerzen, und ich muss Sie bitten, zu einer angemessenen Zeit zu ihr zu gehen, das wissen Sie. Ich vertraue darauf Sie schläft jetzt. Sie ist auch weg.

„Weggehen – Frau Dorriman geht weg! Dann“, sagte Margaret, „hat sie unseren Teil übernommen.“

Die Schwestern sahen einander an.

„Und wussten Sie jemals, dass Mrs. Dorriman eine andere Rolle spielte als die der Schwächsten?“ fragte Jean. „Sehen Sie, wie sie zu mir stand – nicht, aber dass Ihr Fall und mein Fall zwei verschiedene sind – ja, Kinder, sie sind sehr unterschiedlich. Mr. Sandford hat vielleicht eine raue Zunge, ich leugne es nicht – während ich selbst eine habe „Ich habe Angst vor ihm – aber du bist nicht wirklich mit ihm verwandt, und er hat dir ein Zuhause geboten und war in vielerlei Hinsicht gut zu dir." „Es ist nicht meine Aufgabe, zu predigen", beharrte Jean, „aber ich denke, es ist eine schlechte Antwort." Natürlich kannst du gehen, aber du kannst sein Haus anständig und nicht auf eine verrückte Art und Weise verlassen, zumal du nirgendwo sonst erwartet zu werden scheinst.

„Er hat letzte Nacht sehr schreckliche Dinge gesagt", sagte Margaret, „und wir müssen gehen."

„Ich sage nichts dagegen", sagte Jean kühl, „aber Sie können nicht gehen, bevor Sie meine Dame gesehen haben, und Sie können sie nicht vor einer angemessenen Stunde sehen. Sie geht auch, und sie geht auf Ihre Kosten." „Und du bist ihr so viel schuldig", fuhr sie fort und schaute Grace an, die vor Aufregung und Schlafmangel bewusstlos und krank war. „Deine Schwester ist krank – geh wieder ins Bett, meine Kinder", sagte sie, „und ich werde dir bis auf Wiedersehen etwas bringen, und du musst Mrs. Dorriman sehen, bevor du gehst – bevor du irgendwelche Pläne schmiedest." "

Grace war zu froh, sich hinzulegen, nie sehr stark; Sie litt jetzt, und Margaret, im Herzen verärgert, sah, dass Jean Recht hatte. Grace, es wäre grausam, sie zum Handeln zu bewegen – grausam, wenn nicht unmöglich. Sie selbst war zu aufgeregt, um wieder ins Bett zu gehen. Sie fuhr fort, als Jean das Zimmer verließ, ordnete ihre Sachen in die offenen Kisten und bewegte sich leise, während Grace, erschöpft von ihrem Weinen und den Gefühlen des Morgens, einschlief.

Als Margaret sie beobachtete und die geschwollenen Augenlider und den Ausdruck des Unglücks bemerkte, machte sie sich selbst Vorwürfe, weil sie vorher nicht an ihre Trauer und ihren Kummer gedacht hatte. Nichts, von dem sie damals dachte, dass es zu schwer für sie wäre, kein Opfer, das zu groß wäre, als dass sie es für sich hätte bringen können. Sie kniete neben ihrer schlafenden Schwester nieder und sprach ihr unschuldiges und ernsthaftes Morgengebet, und sie legte weiterhin ein feierliches Gelübde ab, ihr Glück zu ihrem Hauptziel im Leben zu machen, nie an sich selbst zu denken, sondern immer die Gnade vor sich zu haben.

Sie erhob sich getröstet, so wie wir von einem großen Vorsatz getröstet werden – die Entscheidung scheint ihre eigene Stärke mit sich zu bringen.

Als sie sich zum Fenster drehte, sah sie, dass der Tag hoffnungsloser denn je war; Regen auf dem Land, der auf die grünen Blätter prasselt, bringt einen erfrischenden und nicht gerade melancholischen Klang mit sich; Die Wirkung eines starken Regens besteht darin, das Gras in Glanz zu tauchen und glitzernde Spuren zu hinterlassen, damit sich die ersten Sonnenstrahlen in wunderschöne prismatische Effekte verwandeln. Aber Regen am Rande einer Stadt, wo jeder Weg aus Kohlenstaub besteht und der Schlamm aus demselben Grund schwarz ist – wenn der Regen Schmutz und Schwärze und unlösliche Teile des schmutzigen Rauchs mit sich bringt – ist eine trostlose und elende Sache . Nur diejenigen, die nicht in ihrer Umgebung leben, deren Vorstellungskraft sie über diese Einflüsse hinaushebt oder die zu beschäftigt sind, um ihnen Beachtung zu schenken, werden von ihnen nicht belastet.

Sie war erschrocken, als sie sah, wie ein Taxi am Haus vorbeifuhr. Sie schaute hinaus und sah mit unbeschreiblichen Gefühlen, in denen die Erleichterung im Vordergrund stand, Herrn Sandford und etwas Gepäck zum Bahnhof fahren.

Es war Frühstückszeit, und gerade als sie sich umdrehte, um nach unten zu gehen und nachzusehen, ob Grace noch schlief, kam Mrs. Dorriman zur Tür und Grace machte sich auf den Weg.

Margaret begegnete ihr mit ein wenig Bedenken. Sie kannte die Tatsache nur so, wie Jean sie ihr erzählt hatte. Mrs. Dorriman ging ebenfalls weg, und ihretwegen und ihrem ersten Impuls folgend, sagte sie zu ihr: „Stimmt es, dass Sie auch weggehen? Sind Sie verärgert über uns? Aber Sie wissen, dass wir nicht bleiben können."

„Kinder", sagte Mrs. Dorriman, und ihre sanfte, süße Stimme zwang sie beide zum Schweigen, „Sie haben meinen Bruder falsch behandelt. Mr. Drayton sprach zuerst, und dann, glaube ich, ist der Schmerz verschwunden – wäre es nicht so gewesen." Ich könnte es verstehen, und ich kann mit dir fühlen; aber mein Bruder sagte, ich könnte dir die Wahrheit sagen, und das ist die Wahrheit. Aber er sieht, und ich sehe, dass das Leben hier nicht für dich geeignet ist – du kannst es nicht erwarten, mein Bruder seine Gewohnheiten und sein Zuhause für dich zu ändern, und hier muss sein Zuhause sein, aber er hat mir die Möglichkeit gegeben, eine Zeit lang mit dir irgendwohin zu gehen – wir Wir werden irgendwohin gehen und eine Veränderung erleben und neu beginnen, wenn wir zurückkommen. Die erste Frage ist, wohin möchten Sie gehen?

Grace und Margaret hörten dieser Rede mit Gefühl und Dankbarkeit zu. Grace hatte das Gefühl, dass sie Mrs. Dorriman nie gerecht geworden war. Irgendwohin zu gehen, irgendwo weg von hier, und es dennoch nicht bereuen zu müssen – zu gehen, wie sie es für unmöglich gehalten hatte! Ihr fehlten die Worte, und es war Margaret, die sich bei Mrs. Dorriman bedankte und etwas von der Erleichterung und Dankbarkeit zum Ausdruck brachte, die sie beide empfanden.

Frau Dorriman war dem Charme von Margarets Zuneigung nicht unempfindlich; aber sie war keine Frau, die viel zur Schau stellte. Sie beendete die Frage vorerst, indem sie Grace sagte, sie solle still liegen bleiben. Sie schickte ihr ihr Frühstück, und sie gingen mit Margaret nach unten. Für eine Frau ihres Temperaments war es jetzt eine sehr seltsame Verwirrung, die Welt zur Auswahl zu haben und nicht zu wissen, wohin sie gehen sollte.

Sie und Margaret diskutierten einen Plan nach dem anderen zwischen der Zerstörung eines Scones und dem Angriff auf ein anderes. Die Frage war noch nicht geklärt, aber Margaret war von ganzem Herzen dankbar und würdigte Mrs. Dorriman für die gesamte Lösung der Schwierigkeit.

Als Grace, erfrischt, obwohl immer noch blass und trotz ihres Schlafes Anzeichen von Aufregung zeigend, sich ihnen anschloss, wurde die große Angelegenheit erneut besprochen.

„Wir können von hier nicht fortgehen", sagte Mrs. Dorriman mit ungewohnter Bestimmtheit, „bis wir uns an unserem Zielort entschieden haben und sicher sind, dass wir Zimmer haben."

„Wird das nicht sehr lange dauern?" fragte Margaret.

„Sobald wir uns über den Ort einig sind – das Schreiben und Anhören der Antwort wird nicht viel Zeit in Anspruch nehmen –, können wir telegraphieren", sagte Mrs. Dorriman mit einem gewissen Stolz auf ihre unbegrenzten Befugnisse. Sie hatte in ihrem ganzen Leben nie aus freien Stücken ein Telegramm verschickt.

Dann kam Margaret eine brillante Idee. „Lasst uns nach Süden gehen und zuerst einen Ort ausprobieren; wenn es uns nicht gefällt, können wir es an einem anderen versuchen."

Grace war verzaubert.

„Und jetzt", sagte Margaret, die an diesem Morgen offenbar eine neue Position einnahm, „wir haben dir so viel zu verdanken; was gefällt dir am besten?"

"Oh meine Liebe!" sagte die arme Frau Dorriman, die ihre lange Selbstbeherrschung nachgab und das Mädchen mit ihren glitzernden Augen und dem leuchtenden Farbblitz überraschte: „Geben Sie mir das Meer und die Hügel." Und obwohl sie sich halb schämte, ihr Verlangen nach diesen beiden Dingen gezeigt zu haben , fügte sie hastig hinzu: „Lass mich da raus, meine Liebe, kümmere dich nicht um mich. Ich kann überall glücklich sein." Ihr erster Schritt war nun bald beschlossene Sache. Sie beschlossen, zu einer der schönen Buchten an der Mündung des Clyde zu gehen, und mit vor Aufregung flatterndem Herzen, in einem Moment den Eisenbahnführer, im anderen eine Karte studierend, beschlossen sie, nach Lornbay zu fahren, und machten sich dann hastig wieder ans Packen . Drei Tage vergingen wie im

Flug, und nachdem zufriedenstellende Antworten über Zimmer im besten Hotel eingegangen waren, war Mrs. Dorriman, nicht ohne Zweifel an ihrer Eignung für diese große Verantwortung, mit den Mädchen allein und ließ Renton mit all seinen Abwechslungen zurück Erfahrungen hinter sich in seinem trüben Tal aus Rauch.

Es kommt oft vor, dass die Verwirklichung eines Wunsches eine gewisse Angst mit sich bringt, ob die Intensität des Wunsches überhaupt voller Weisheit war, insbesondere dann, wenn wir uns bewusst sind, an uns selbst gedacht zu haben, ohne irgendetwas davon auszuschließen andere Überlegung.

Von dem Trio, das zur Mündung des Clyde wirbelte, war Grace diejenige, die am meisten beunruhigt war und die den Szenenwechsel am wenigsten genießen konnte, diejenige, auf deren Geist der Schatten eines Vorwurfs lag.

Sie war sich bewusst, dass sie sich von Anfang an in eine feindselige Position gegenüber Mr. Sandford gebracht hatte. Sie hatte beabsichtigt, dass er ihre Verdienste anerkennt und ihr erlaubt, ihn zu beeinflussen, so wie sie dies bei den Schulkameraden getan hatte, denen sie als überlegenes Wesen gegenübergestanden hatte. Aber sie hatte vergessen, sein Temperament, seine Vorurteile und seine Leidenschaften zu berücksichtigen; und obwohl sie jetzt erkannte, dass sie versagt hatte, machte sie seine Stumpfheit und nicht ihre eigenen Kräfte für das Versagen verantwortlich.

Offensichtlich lag ihm Margaret sehr am Herzen; Sie war nichts, und der einzige Mensch, der dorthin gekommen war, hatte, auch wenn er bei weitem kein Prinz war, überhaupt keine Anziehungskraft in ihr gesehen.

Sie vermutete auch, dass dies auf einen Fehler bei ihm und nicht bei ihr zurückzuführen war. Margaret hatte eine Art, sich zurückzuhalten, sich so völlig außer Frage zu stellen, dass Graces Eitelkeit fast entschuldbar war. Aufgewachsen in dem Glauben, dass sie viele Gaben besitze, geschmeichelt von der kleinen Welt um sie herum, müsste ihr Stolz einen viel schwereren Schlag erleiden als Mr. Sandfords Unhöflichkeit und Mr. Draytons Blindheit, bevor sie erfuhr, wie groß der Unterschied zwischen den Werten ist Wir legen Wert auf uns selbst und auf den Wert, den Außenstehende auf uns legen, die in keiner Weise zu unseren Gunsten voreingenommen oder voreingenommen sind. Für die gleichgültige Welt wäre die arme Grace einfach ein gewöhnlich aussehendes Mädchen, das sich auftrumpft. Aber das musste sie noch lernen.

Die Schönheit des späten Frühlings erfüllte jedes Wäldchen und jedes Tal, durch das sie kamen. Überall keimten jene zarten Farbtöne auf, die dem Auge ein Gefühl stiller Erfrischung verleihen; An jedem geschützten Ufer blickten die Primeln wie schwache Sterne aus ihren tiefen Laubbeeten auf die Vorübergehenden. Die Gebirgsbäche hier und dort zitterten vor Aufregung, als sie die Berghänge hinabstürzten und sprudelten vor Freude, der Gefangenschaft des Winterfrosts entkommen zu sein. Als der Zug anhielt, konnten sie das Zwitschern und Singen der Vögel hören; all diese Dinge, die alltäglich sind und im alltäglichen Leben vielleicht keine Bedeutung haben; aber für diese drei, die den großen Mangel an der frischen Schönheit des Landlebens verspürt und einige Monate ohne jeden dieser erfreulichen Einflüsse verbracht hatten, waren sie wie ein Hauch des Paradieses.

Grace begann, Mrs. Dorriman zu respektieren, als sie die Station wechselten, und sie erkannte die ruhige, praktische Art und Weise, wie alles arrangiert wurde. Dann rasten sie am Ufer des Clyde entlang und ein Ausruf kam über Margarets Lippen. Mrs. Dorrimans Augen waren feucht. Das Meer kam in Sicht, wo der Fluss breiter wurde; Das Abendlicht fiel über alles und berührte mit einem goldenen Schimmer die Wellen des Wassers. Einige Yachten lagen vor Anker. Im Süden erhoben sich wie im Westen schwach blaue Hügel. Sogar Grace, die in der Regel zu sehr mit sich selbst beschäftigt war, um sich leidenschaftlich für die Schönheit der Natur zu interessieren, spürte alles, wie sie in ihrem ganzen Leben noch nie zuvor eine Landschaft gespürt hatte. Die Bewegung und das Leben in dieser exquisiten Szene begeisterten sie. Sie vergaß sich selbst, ihre Hoffnungen, ihre Ambitionen und alles andere, und während sie unbewusst Margarets Hand hielt, erwiderte sie eine Antwort und drückte sie mitfühlend.

Die Hektik der Ankunft war für Mrs. Dorriman wie eine Unterbrechung ihrer angespannten Gefühle. Sie war seit ihrer Kindheit nicht mehr an diesem Ort gewesen; als ihr Vater Kleingeld holen wollte und sie ihn begleitete. Kann jemand die Szenen ihrer Jugend betrachten und die noch immer in Erinnerung gebliebenen Visionen dieser Tage mit der leeren Realität ihres Lebens vergleichen? Alles scheint unverändert, alles scheint stillgestanden zu sein. Wir erinnern uns an den knorrigen Stamm dieses Baumes, dessen Äste kaum einen Zweig verloren zu haben scheinen; Dieselben wilden Blumen wachsen unter und um die großen grauen Steine, wo wir sie so oft gesammelt haben, mit geschmeidigen Zweigen, die so leichtfüßig über die Brandung sprangen wie ein Reh. Jetzt bücken wir uns steif, unsere Geschmeidigkeit ist von uns verschwunden und wir fürchten uns sogar vor den Trittsteinen; Sie sind immer noch da, aber wir sind kläglich verändert. Mrs. Dorriman war nicht alt genug für einen so schmerzhaften Kontrast, und ihre Aktivität trieb sie immer noch zum Handeln an, aber die Elastizität ihres Geistes war verschwunden. Sie konnte die Dinge immer noch deutlich spüren, aber ihre Freude war verschwunden; sie fürchtete sich mehr, als sie hoffte, sie hatte die Frische ihrer Gefühle verloren; Sie war traurig und niedergeschlagen, ihr Geist war deprimiert, sie erwartete Böses und nicht Gutes. So lange hatte sie nichts an Vergnügen erlebt, so dass sie aufgehört hatte zu glauben, dass Glück überhaupt zu ihr kommen könnte, und sie trieb ziellos in ihrem Leben weiter und versuchte nur, das Richtige zu tun. Sogar der Himmel schien ihr ein vager und weit entfernter Traum zu sein, der für sie aufgrund der unangenehmen Abneigung, die wir bereits erwähnt haben, gegenüber der ewigen Kameradschaft ihres Mannes keine wirkliche Freude darstellte.

Aber als ihre informelle, aber gemütliche Mahlzeit vorbei war und sie sich für die Nacht getrennt hatten, stand sie lange da und blickte auf die beweglichen Lichter auf dem Wasser hinunter; Die schwarzen Rümpfe der größeren Schiffe warfen dunkle Schatten in lebhaftem Kontrast zu den Mondlichtstrahlen, und die Boote flogen mit ihren funkelnden Lichtern umher; das Plätschern der Ruder drang in der Stille auf sie zu; Hin und wieder ertönte ein heiserer Schrei, während die Boote sich gegenseitig zuriefen, Liedfetzen erklangen im leichten Wind, der ihr ins Gesicht wehte. Sie konnte das fröhliche, hemmungslose Gelächter hören. Über allem schien der Mond strahlend herab, und der sanfte Wind, der aus dem Süden wehte, war warm und rein und schmeckte nach dem Meer, über das er so viele, viele Meilen zurückgelegt hatte.

Es war eine jener Zeiten in ihrem Leben, in denen ihr ganzes Wesen gegen das Unglück protestierte. Sie verstand nur vage (wir verstehen es im Allgemeinen vage), was ihr Glück bringen würde, aber sie sehnte sich nach einem höheren und erfüllteren Leben; die ständige Unterdrückung, die Unterwerfung ihrer Ideen unter einen stärkeren Geist, ärgerte sie, und als sie die Hände faltete, war der Gedanke, der sie in diesem Moment tröstete, dass sie hier Freiheit haben konnte – hier würde es mehr wie zu Hause sein.

Wie lange stand sie da! Die Lichter gingen aus, als die Boote ans Ufer kamen, die Geräusche verklangen, das Gefühl der Freiheit schien ihr auf einmal zu zeigen, wie sehr sie ihren Bruder wirklich fürchtete, und dann kam ihr wieder langsam der Gedanke an diese Papiere in den Sinn.

Dieses Problem erfüllte sie immer mit Schmerz, der gleichen Angst davor, noch mehr zu lernen, ihrem Mann zu misstrauen, der gleichen Unentschlossenheit überkam sie, sie drehte sich schnell um, schloss das Fenster und verbarg diese schmerzhafte Erinnerung mit der festen Entschlossenheit, nicht daran zu denken gerade jetzt, und schiebt es mit aller Kraft von ihr weg. Sogar während sie betete, war sie sich dessen bewusst, dass sie nicht an etwas denken würde, wie eine geheime Sünde, die in einem Winkel unseres Geistes vertuscht und verborgen werden kann (in dem Wissen, dass sie gesehen wird) und übergangen wird, während wir uns gegenseitig bekennen.

Der Morgen brach herrlich schön an, leichte Wolken verstärkten den Sonnenschein. Die Mädchen, die ihre früheren Leben kaum bereuten, kamen mit „strahlenden Morgengesichtern" zum Frühstück, voller Freude über eine wunderbare Veränderung und den angenehmsten Erwartungen an das, was die Welt dort für sie bereithielt. Gnade strahlte; Margarets gelasseneres Gesicht spiegelte den Ausdruck ihrer Schwester wider. Sie gingen hinaus und beschleunigten Mrs. Dorrimans langsamere Bewegungen mit einer Natürlichkeit und Ungeduld, die ihr nicht missfiel, da sie ihr so nahe zu sein schienen; und sie sahen sich mit der vollen Freude von Mädchen um, die nie etwas vom Leben gesehen hatten, außer in den dichtgedrängten Reihen der Schulmädchenmode, und die jetzt stehen blieben, um abwechselnd jedes Schaufenster in der langen Straße rund um die Bucht zu betrachten Aufmerksamkeit erregen, indem man den Booten beim Hin- und Hergleiten zusieht.

Frau Dorriman war fast genauso beschäftigt wie sie und ließ sich voll und ganz auf ihr Vergnügen ein. Sie war den Reizen von Mützen nicht überlegen, die sie mit einem geistigen Protest trug, da sie viele Haare hatte, die sie aber fürchterlich fand und die sie immer zu verbessern versuchte.

Sie hatten sich gerade von einer Reihe dieser notwendigen Übel abgewandt, als sie eine Dame bemerkte, die auf sie zukam und sich auf den Arm eines sehr großen jungen Mannes stützte. Sie ging sehr langsam und benutzte seinen Arm offensichtlich nicht im herkömmlichen Sinn, sondern weil sie es wirklich brauchte.

Als sie näher kam, richtete sie ihren Blick fragend auf Mrs. Dorrimans Gesicht, hielt hastig inne, ging weiter, drehte sich um und sagte fragend: „Annie Sandford?"

„Lady Lyons! Ja – ich war Annie Sandford – ich bin Mrs. Dorriman."

"Und diese?" fragte Lady Lyons und wandte sich mit träger Anmut an Grace und Margaret.

„Miss Rivers und ihre Schwester", sagte Mrs. Dorriman, die nie genau wusste, wie sie ihre Verbindung zu ihrem Bruder prägnant ausdrücken sollte, und beschloss, es in aller Ruhe zu erklären.

„Oh", sagte Lady Lyons, die jetzt, im gegenwärtigen Moment, offensichtlich einer weiteren Erklärung bedarf.

„Die Mündel meines Bruders – er ist ihr Vormund."

"Oh!" sagte Lady Lyons noch einmal, aber dieses Mal auf andere Weise; Sie dachte, sie hätte es verstanden.

Dann stellte sie ihren Sohn vor, und er blieb zurück und redete mit den Mädchen. Lady Lyons schob ihre Hand unter Mrs. Dorrimans Arm und sie gingen zusammen weiter.

„Entzückend", begann der junge Lyons und wandte sich unparteiisch nacheinander an jede Schwester, „in diesem langweiligen kleinen Ort unerwartete Bekanntschaften zu machen."

„Wir sind erst gestern Abend gekommen, wir finden es nicht langweilig", sagten sie mit einem Atemzug. Aus Angst, er könnte auf sie herabblicken, fügte Grace hinzu: „Wir hatten keine Zeit, es langweilig zu finden."

„Was hast du bisher gesehen?" er hat gefragt; fügte mit einem Atemzug hinzu: „Nicht, dass es wirklich etwas zu sehen gibt."

„Wir haben – Mützen gesehen", sagte Grace lachend.

Er lachte voller Verständnis und zitierte „Die herrschende Leidenschaft …"

Margaret war verärgert und konnte nicht ganz verstehen, warum sie verärgert sein sollte. Doch ihre angeborene Loyalität ließ sie nicht einmal ein verstecktes höhnisches Grinsen ertragen, und als sie ihm direkt ins Gesicht blickte, sagte sie: „Was gibt es hier zu sehen, das Sie interessant finden?"

Er lachte fröhlich; „Wie streng du bist, – sehr streng. Manche Menschen mögen das Meer, andere schwärmen von den Hügeln; es hängt davon ab, ob du die Natur oder die menschliche Natur magst. Hier gibt es keine Wahl, es gibt nur das Meer und die Hügel, immer die Hügel.

„Wir finden den Ort wunderschön", sagte Margaret, „und wir haben so wenig gesehen, nur die Schule und dann Renton. Renton ist so ein verrauchter Ort."

„Aber Renton Place ist ein schöner Ort", entgegnete er. „Ich habe mein ganzes Leben lang davon gehört, dass Mr. Sandford ein Millionär ist."

Margaret lachte. „Früher dachten wir, es wäre ein schöner Ort in einem großen Park. Ich glaube, wir (Grace und ich) dachten, dass es dort sogar Rehe geben würde, aber es ist ganz anders – ein quadratisches Haus, eine kurze Allee und das." Stadt direkt vor den Toren.

Mr. Lyons sah verwirrt aus. "Wie merkwürdig!" begann er, als Grace ihn unterbrach. „Alle sehr reichen Männer haben Launen", sagte sie in einem Ton, der ganz anders war, als Margaret sie je zuvor gehört hatte. „Mr. Sandfords Laune ist es, in der Nähe von Renton zu leben, wo er, glaube ich, Geld prägt."

„Für diejenigen, die seine Nachfolge antreten, wird es umso besser sein", sagte der junge Mann und sah Grace aufmerksamer an, als er es bisher getan hatte.

„Ja", sagte Margaret auf ihre direkte Art, „aber das ist eine Frage, die uns nicht interessiert."

„Meine liebe Margaret, Sie sollten diese sehr positiven Behauptungen nicht aufstellen“, sagte Grace; „Sie wissen eigentlich gar nichts. Meine Schwester ist sehr jung, Mr. Lyons, und junge Mädchen ziehen immer ihre eigenen Schlussfolgerungen, oft ohne wirkliche Grundlage.“

Herr Lyons sagte lachend, ihre Jugend sei sehr offensichtlich. „Wie schön ist die Jugend!“ rief er mit gespielter Feierlichkeit, und Mrs. Dorriman war verblüfft, sie alle bereits so vertraut zu hören.

Sie und ihre Freundin trennten sich voller Begeisterung. Der armen Lady Lyons ging es wirklich schlecht, sie hatte viele, viele Sorgen zu ertragen und freute sich ungemein, Mrs. Dorriman wiederzusehen. und obwohl sich Mrs. Dorriman bewusst war, dass es in Sachen Freundschaft viele Mängel gab, da sie nur auf Bekanntschaften und nichts weiter zurückblicken konnte, fühlte sie sich sehr geschmeichelt, dass sie für einen anderen so wichtig war.

In der tristen Schule, in der Mrs. Dorriman unterrichtet worden war; Lady Lyons, damals ein älteres, stärkeres und hübscheres Mädchen als sie selbst, war es gewesen.

Mrs. Dorriman konnte sich nicht daran erinnern, dass sie Freunde gewesen waren, aber jetzt machte die alte Vertrautheit sie zu mehr als nur Bekannten, und sie trafen auf die Gemeinsamkeit „alter Zeiten“, die so vieles überbrückt.

Als sie sich ihrem Hotel näherten, stand ein Mann auf der Treppe und hob seinen Hut. Es war Mr. Drayton.

KAPITEL X.

Nichts versöhnt einen so sehr mit einem Ort, wie die Erfahrung, dass man von Bekannten nicht völlig im Stich gelassen wird.

Schöne Landschaften ersetzen, außer für einige außergewöhnliche Seelen, nicht die menschliche Gesellschaft. Der Gedankenaustausch mit der eigenen Spezies ist eine besondere Notwendigkeit, wenn einem die kleinen häuslichen Pflichten, die normalerweise die Zeit zu Hause füllen, abgenommen werden.

Mrs. Dorriman, die allen Einzelheiten der Haushaltsangelegenheiten große Aufmerksamkeit schenkte und ein angenehmes Gespür dafür hatte, diese Pflichten gekonnt zu erfüllen, hätte sich gestrandet gefühlt, wenn sie in Lornbay ohne jemanden in ihrem Alter und mit dem nötigen Ansehen zurückgelassen worden wäre, mit dem sie reden konnte nichts zu tun. Sogar in Sachen Mützen war es eine Freude, eine anerkennende Zuhörerin zu finden, und Lady Lyons, eine Frau, deren Interesse sich auf die Schwankungen ihres eigenen Gesundheitszustands und das Wohlergehen ihres Sohnes beschränkte, konnte zuhören und intelligente Aufmerksamkeit schenken.

Mrs. Dorriman erfüllte den Wunsch ihres Bruders, indem sie im Hotel blieb. Sie hatte große Zweifel an der Güte des Essens und widerstand allen Versuchen, sie dazu zu verleiten, getarnte Gerichte zu bevorzugen. Sie hatte eine Abscheu vor allem, was erfunden wurde, außer wenn sie wusste, wer die Aufgabe hatte; und ihr Beruf war weg, jetzt musste sie die Abendessen so akzeptieren, wie sie waren, und hatte nichts mit deren Bestellung zu tun. Sie hätte eine Unterkunft unendlich vorgezogen (die sie nie gehabt hatte) und hatte Visionen von vollkommen idealen Vermieterinnen und großer Einmischungskraft.

Sobald sich ihr Geist an die Szenen um sie herum gewöhnt hatte, wäre es ihr langweilig geworden, ihre Inchbrae-Beschäftigungen zu vermissen, wenn Lady Lyons nicht gewesen wäre. Lady Lyons hatte viel mehr von der Welt gesehen als Mrs. Dorriman; Aber das Sehen der Welt bedeutet nicht immer ein umfassenderes Verständnis. Es ist durchaus möglich, viel zu sehen und nichts aufzunehmen. Lady Lyons war eine Frau, die ihre Ideen geordnet hatte, bevor sie das väterliche Nest verließ, und teils aus schlechter Gesundheit, teils aus begrenztem Verständnis war sie engstirnig und voreingenommen, und alles wurde an ihrem eigenen Maßstab gemessen, und das war so klein wie es nur sein konnte.

Ihr Charakter wirkte sich tödlich auf ihren Sohn aus. Sie war als junge Witwe zurückgeblieben (mit einem bescheidenen Vermögen und diesem einzigen

Sohn). Die Menschen gerieten in Ekstase darüber, wie sie ihr Leben ihrem Sohn überließ, was dazu führte, dass er nie zur Schule ging. Er wurde nach ihren Lehren erzogen – unter ihren eigenen Augen. Sie hatte große Angst vor der Bosheit der Welt, die Schulen waren voller Ungerechtigkeit, deshalb ging er nie zur Schule. Gefährten hatte er keine. Sie hatte Angst davor, dass er Jungen mit Schulerfahrung kannte. Paul Lyons war zufrieden, da er nichts Besseres wusste. Er wuchs engstirnig, egoistisch und konsequent auf, seine Welt war von seiner Mutter und sich selbst begrenzt, ohne ausgeprägte Intelligenz, ohne edles Denken, ohne Ziele, ohne Bestrebungen, er glaubte, anderen Menschen in jeder Hinsicht überlegen zu sein, und interessierte sich für nichts Außergewöhnliches sein kleiner Maulwurfshügel.

Dann kam ein kurzes schreckliches Erlebnis.

Lady Lyons, deren Gesundheitszustand sich schlechter als sonst verschlechterte, wurde zu einer Badestelle in Südfrankreich und zum Überwintern in Nizza beordert.

Sie wusste nichts von der Welt; und natürlich war Paul, der noch nie irgendwo auf eigenen Beinen gestanden hatte, ebenso unwissend. Noch bevor er viele Tage in dem kleinen Ort verbracht hatte, wurde er von der schlechtesten Klasse von Männern in die Gewalt genommen; und in Nizza geriet er in alle nur erdenklichen Schwierigkeiten, verlor in Monaco überall Geld, wurde von denen, die ihm sagten, sie würden einen Mann aus ihm machen, geschröpft und in alle möglichen schändlichen Positionen gebracht; und noch bevor er sechs Wochen dort verbrachte, befand er sich fürchterlich verschuldet, krank und mit allen möglichen Strafen bedroht.

Lady Lyons, die behutsam in einem Badesessel Luft schnüffelte, mit dem sie sich voller Bedenken über die Fortbewegungsmittel belastete, träumte in seliger Unwissenheit weiter.

Sie hatte ihrem Sohn „Prinzipien" gegeben, dachte sie, und sie stellte sich vor, dass das ausreichen würde.

Paul war gezwungen, Geld von ihr zu bekommen, aber er erzählte ihr sehr wenig; Tatsächlich sprach die arme Dame immer davon, dass Paulus beraubt worden sei, und wenn sie von seinen Abenteuern sprach, sprach sie, als sei er ein makelloser Ritter gewesen, der ausgeraubt worden sei, weil seine Prinzipien zu gut waren, um ihm den Sieg zu erlauben, und bei diesen Gelegenheiten Obwohl der junge Mann errötete, war noch so viel Anmut in ihm, dass er eine Grimasse verzog, wenn sie nicht hinsah, um ihre törichte Unschuld und ihren Glauben an ihn zum Ausdruck zu bringen.

Nachdem dieser Anfang gemacht war, ging es schnell bergab. Sobald ein junger Mann, der in Unwissenheit über die Welt aufgewachsen ist, Sünde als Zeichen von Männlichkeit ansieht, ist sein Schicksal besiegelt.

Bevor er jedoch völlig ruiniert war, wurde er von einem langen und schrecklichen Fieber, von dem er sich erst sehr lange erholen musste, aus dem Gleichgewicht gebracht. Lady Lyons, die zwar eine schwache, engstirnige, aber liebevolle Mutter war – die Belastung der Angst war zu groß für sie, und nach seiner Genesung erlitt sie einen paralytischen Schlaganfall.

Als sich die arme Lady Lyons erholte, war sie schwächer als zuvor, und ihr Sohn erfuhr fast zum ersten Mal, dass ihr Einkommen fast ausschließlich aus einer Rente stammte (diese wurde ihr von ihrem Ehemann, einem KCB und einem indischen General, gesichert). ; und dass, als sie starb, der kleine Ort in Cumberland und ein paar tausend Pfund, auf die er bereits schwere Anleihen gegeben hatte, alles waren, worauf er achten musste.

Es war zu spät, einen Beruf zu ergreifen; er wusste zu wenig, um irgendetwas aufzuschnappen. Ihm blieb nur ein Weg offen, und dieser bestand darin, jemanden mit Geld zu heiraten. Er hatte eine große Figur und sah gut aus, obwohl er ein schwaches Gesicht hatte, und er war überzeugt, dass es so sein würde, wenn er jemanden sah, der ihn „holte" und dem er das Taschentuch zuwerfen wollte mit Begeisterung aufgenommen. Es gibt einige Männer, die so denken.

Als Lady Lyons nach Lornbay kam, in der Hoffnung, von der milden Luft zu profitieren, kam Paul Lyons natürlich mit. Seine beste Eigenschaft war seine Zuneigung zu seiner Mutter, obwohl er ihre Unwissenheit über die Welt verachtete und sich offen darüber empörte, dass sie ihn sein ganzes Leben lang an der Spitze gehalten und ihm keine „Chance bei anderen Menschen" gegeben hatte.

Lady Lyons pflegte darüber schwach mit ihm zu streiten. „Sehen Sie, mein lieber Paul, wie viel netter und besser Sie sind als andere junge Männer", sagte sie seufzend. „Schulen lehren Jungen so viel Bosheit", und Paul zuckte mit den Schultern und sagte etwas Zweideutiges, das sie verwirrte.

Dies war der junge Mann, den das Schicksal und Mrs. Dorriman Grace und Margaret Rivers vorstellten. Jeden Tag wurde nun ein Spaziergang unternommen oder eine kleine Expedition unternommen, an der Paul Lyons teilnahm.

Lady Lyons hatte das mütterliche Gefühl, dass Paul als ihr Sohn für jeden ein so sicherer und angenehmer Begleiter war. Sie war ziemlich amüsiert, dass Mrs. Dorriman es für notwendig hielt, als Aufsichtsperson zu fungieren. „Es ist nur Paul", sagte sie mit einem kleinen Lachen.

„Aber er ist für uns nicht ‚nur Paul'; er ist ein junger Mann und kein Verwandter. Ich möchte mich nicht lächerlich machen, aber ich habe die Verantwortung und ich möchte das Richtige tun."

Diese kleine Rede über die Verantwortung schmiedete ein weiteres Glied in der Kette der Ereignisse, obwohl Frau Dorriman unschuldig davon sprach, überhaupt eine Kette geschaffen zu haben. Es ist uns nicht gegeben, immer zu wissen, wann wir Geschichte schreiben.

„Mein lieber Paul", sagte Lady Lyons, als Mutter und Sohn kurz danach durch die Überreste eines Abends gähnten, „ich glaube, ich habe eine Entdeckung gemacht: Diese beiden Mädchen, die Rivers-Mädchen, sind entweder reich oder werden es werden." sehr reich. Deshalb macht die arme Frau Dorriman so viel Aufhebens um sie und hütet sie so."

„Ich habe diese Entdeckung vor langer Zeit gemacht, Mutter", und Paul lachte. „Meiner Meinung nach besteht die Schwierigkeit darin, ob sie ausgeglichen sein werden oder ob einer die Erbin sein wird und der andere über eine geringe Kompetenz verfügt."

„Mein lieber Paul, du musst vorsichtig sein, wie schlau du bist! Daran habe ich nie gedacht." Und diese neue Idee brachte Lady Lyons dazu, ihre Strickarbeit so nachlässig zu halten, dass ihr einige Maschen ausfielen, eine Tatsache, die sie (wie üblich) erst bemerkte, als sie ein gutes Stück fertig hatte, als sie zutiefst überrascht war, ein sehr großes Loch zu sehen, und es nicht konnte Stellen Sie sich vor, wie es dorthin gelangt ist.

„Ich weiß nicht, wie man schlau ist, Mutter, die Mädchen machen für *mich kein Geheimnis daraus* ."

„Mein lieber Paul! Ist es soweit?" und Lady Lyons blickte mit einem wahrhaft bewundernden mütterlichen Blick von ihrem Sofa zu ihm auf.

„Ich weiß nicht, was du damit meinst", sagte Paul und schob seinen Zeigefinger mit größter Mühe zwischen seinen engen Kragen und seine viel geplagte Kehle; „Aber sie reden auf eine Weise, die ich nur verstehen kann. Der alte Sandford prägt Geld und spart Geld, das bedeutet für seine Erben oder Erbin so etwas wie Reichtum."

„Das stimmt", sagte Lady Lyons mit funkelnden Augen. „Paul, es ist so seltsam, aber als du noch ein ganz kleines Baby warst, sagte deine arme alte Amme immer, du seist geboren, um eine reiche Dame zu heiraten. Wie oft habe ich über sie gelacht – und jetzt wird es wahr. Mein lieber Junge !"

„Ich glaube, du gehst jetzt zu weit, Mutter; ich habe das Gefühl, dass du weit hinter dir zurückbleibst. Über ein bestimmtes Versprechen kann ich nichts herausfinden. Wir wissen nichts über Mr. Sandford."

„Ich weiß eine Menge über ihn", sagte Lady Lyons eifrig. „Mrs. Dorriman redet so viel über ihn; nicht, dass sie mir vielleicht wirklich viel erzählt hätte", fügte sie hinzu, mit dem Gefühl, falsche Hoffnungen geweckt zu haben; Sie erinnerte sich jetzt, dass Mrs. Dorrimans Vertraulichkeiten über ihren Bruder ausschließlich auf frivole Angelegenheiten, seine Vorliebe für altmodische Gerichte usw. und seine Abneigung gegenüber anderen zurückzuführen waren.

„Natürlich, Mutter, ich werde darauf achten, dass keine der jungen Damen denkt, ich meine es ernst, bis ich etwas Bestimmtes weiß."

„Natürlich nicht, meine Liebe", sagte Lady Lyons geistesabwesend. Dann erschien plötzlich ein Ausdruck der Intelligenz auf ihrem Gesicht. „Oh! mein lieber Paul, wie dumm ich bin. Ich erinnere mich noch genau daran, wie Mrs. Dorriman auf eine meiner Bemerkungen über Margarets Aussehen antwortete und sagte: ‚Ich bewundere sie sehr, und ich bin sicher, dass mein Bruder das tut, er nie.' Er sagt, sie sei das Ebenbild seiner Frau, und deshalb sei er ihr so ergeben. Ich erinnere mich jetzt so gut an ihre Worte, aber ich kann leicht noch einmal darüber reden und sie dazu bringen, mir noch etwas zu erzählen.

„Ich glaube, sie hat dir genug erzählt", lachte ihr Sohn, und er ging ans Fenster und summte eine Melodie, und seine Mutter, nachdem sie vergeblich versucht hatte, ihn zum Reden zu bringen, wurde bald schläfrig und ging zu Bett.

Lange nachdem sie gegangen war, ging er im Zimmer auf und ab; Dann zündete er seine Kerze an und machte sich bereit, ebenfalls zu Bett zu gehen. Auf seinem Gesicht lag ein Lächeln, das anhielt, bis er im Bett lag. Dann murmelte er etwas vor sich hin: „Ich bin froh, dass es Margaret ist", sagte er, drehte sich um und schlief ein.

In der Zwischenzeit waren die Mädchen glücklich, obwohl Grace etwas unruhig war. Spazierengehen, zwei oder drei Leute treffen, essen, trinken und schlafen reichte ihr nicht; Sie wollte mehr, sie hatte ein perfektes Verlangen nach Aufregung. Dies war nicht das Leben, von dem sie geträumt hatte. Ohne Paul Lyons wäre es noch schlimmer, aber zwischen ihr und Paul hatte sich eine Art ständiges Geben und Nehmen in Worten entwickelt, das sie befriedigte, da es seine ganze Zeit in Anspruch nahm. Margaret war in dieser Hinsicht nirgendwo zu finden, und Grace war froh, dass ihr der einzige Kavalier in ihrer Reichweite völlig zu Diensten stand.

Tatsächlich reizte ihn Margaret mit der unnötigen Offenheit eines Mädchens durch ihre offenen und unverhohlenen Gefühle nicht nur der Gleichgültigkeit, sondern auch der Abneigung.

Es gibt einen Instinkt in der unberührten Kindheit, der oft ein untrüglicher Ratgeber ist. Margaret mochte Paul Lyons von Anfang an nicht; Der bereitwillige Tonwechsel, die ständigen abfälligen Bemerkungen über Mrs. Dorrimans Geschmack, den Grace für so natürlich und geistreich hielt, missfielen ihr. Sie hielt ihn für schlimmer, als er war. Sein Verhalten gegenüber seiner Mutter war so nachlässig und er spottete so offen über ihre Ansichten, dass sie ihm weder Anerkennung für die Stunden schenkte, die er an ihrer Seite verbrachte, als sie krank war, noch für die Zuneigung, die er für sie empfand. Sie fand ihn hasserfüllt. Sie hatte eine hohe Vorstellung davon, was ein Mann sein sollte, und ihre begrenzte Erfahrung war nicht gerade erfreulich. Eine große Erleichterung war die Tatsache, dass Mr. Drayton bis auf dieses eine Treffen auf den Stufen des Hotels unsichtbar blieb. Tatsächlich wartete er, als sie sich auf diese krampfartige und unvorhergesehene Weise trafen, auf einen Dampfer, der ihn viele Meilen in eine andere Richtung bringen würde, und war losgefahren, jedoch entschlossen, so schnell wie möglich zurückzukehren.

Nach dem Gespräch mit seiner Mutter bemühte sich Paul viel mehr, sich bei Margaret zu empfehlen. Er fühlte sich wie die meisten von uns zu ihr hingezogen, weil er sah, wie er gerne sein würde. Sie hatte so viel von dem, was ihm fehlte. Sie war ruhig, zurückhaltend, außerordentlich furchtlos in den seltenen Fällen, in denen sie sich durchsetzte, und missbilligte es so offen, wenn er etwas sagte oder tat, was seine Beteuerungen Lügen strafte, dass er sich schämte. Unter dem Blick ihrer reinen und ungetrübten Augen fühlte er sich unwürdig, und sie weckte in ihm den Wunsch nach etwas Besserem. Er begann mit Abscheu und Müdigkeit auf die Abschnitte seines Lebens zurückzublicken, in denen er geglaubt hatte, das Leben gesehen und gelebt zu haben; eine bessere und wahrere Männlichkeit wurde ihm sichtbar.

Sie war viel jünger, aber viel weiser, dachte er; Nach und nach fiel er von tiefer Bewunderung in Verzweiflung, um dann von der Verzweiflung zur Hoffnung zurückzukehren, da sie freundlich zu ihm war und sich hoffnungslos in der Liebe wiederfand, bevor er überhaupt wusste, was er vorhatte.

Die Aufrichtigkeit seiner Liebe wurde durch ihre wahre Demut bewiesen. Was hatte er diesem jungen Tapferen zu bieten, der so leichtfertig davon gesprochen hatte, sein Taschentuch zu werfen? Als seine Mutter ihm von seiner Vollkommenheit erzählte, fühlte er sich bitter gedemütigt. Die gelassene Anmut von Margarets Auftreten, die grenzenlose Gleichgültigkeit gegenüber seiner Anwesenheit oder seinem Kommen oder Gehen waren für ihn eine schreckliche Demütigung, und er konnte nirgendwo Trost finden. Er wusste, dass der einzige Trost seiner Mutter Schmeichelei sein würde, und er hatte gelernt, sie zu hassen.

Margarets intensive Hingabe an ihre Schwester war für ihn etwas Schönes und Wunderbares, obwohl er manchmal nicht widerstehen konnte, sie über ihre eigene Überlegenheit aufzuklären, nur um es dann zu bereuen, da Margaret dadurch ihm gegenüber kalt und wütend auf ihn wurde.

„Du machst ein Idol aus deiner Schwester", sagte er eines Tages zu ihr; „Du findest sie so schön. Du bist viel schöner und viel, viel schöner."

„Sie sollten diese Dinge nicht einmal zu mir sagen", sagte Margaret ernst, „obwohl ich weiß, dass Sie nicht anders können, als zu versuchen, mir zu schmeicheln – es ist Ihre Art, Gespräche zu führen, denke ich."

„Ich wünschte, du wüsstest, wie ernst es mir ist", sagte er leidenschaftlich. „Du kannst dir gar nicht vorstellen, wie viel besser ich mich fühle, wenn ich bei dir bin; was für einen guten Einfluss du auf mich hast. Das ist keine Schmeichelei."

„Es hört sich sehr danach an", sagte Margaret, indem sie ihm ihr ernstes junges Gesicht zuwandte und einem kleinen Lächeln erlaubte, ihre Augen zu erhellen.

„Jetzt lachst du mich aus", sagte er verletzt. „Wie kann ich dich dazu bringen, mir zu glauben?"

„Hier kommt deine Mutter", sagte Margaret, viel zu unbewusst, was er meinte, um sich auch nur im Geringsten zu schämen. „Sie haben Ihr Bestes getan, um mich zu amüsieren, und wenn Sie versagt haben, muss es meine eigene Schuld sein – nicht Ihre."

Sie wandte sich leicht von ihm ab und er beobachtete sie mit zornigen Blicken. Warum ignorierte sie seine Reden immer und behandelte ihn als bedeutungslos? Was war der Grund dafür, dass er bei ihr so völlig scheiterte? Warum war sie so anders als andere Mädchen?

Grace zum Beispiel akzeptierte seine Reden (in denen er sich keiner Bedeutung bewusst war) als ihr zustehendes, mit offensichtlicher Befriedigung. Sie glaubte bedingungslos alles, was er ihr sagte; und wenn er, was manchmal vorkam, etwas von seiner wirklich starken Hingabe für Margarets Erscheinen zeigte, akzeptierte sie es, als wäre es ein indirektes Kompliment an sich selbst. Ihre Eitelkeit war offen und unverhüllt und umhüllte sie so vollständig, dass kein Sarkasmus sie verletzen konnte, keine Brüskierung sie verletzen konnte; und er war oft sarkastisch und brüskierte sie oft unabsichtlich und bereute sie, bis er sah, dass beide gleichermaßen verloren waren.

Was für eine Freude muss es sein, in einer solchen Rüstung zu leben; gegenüber den freundlichen und unfreundlichen Schlägen unempfindlich zu sein, die die Welt als Ganzes für gut für die arme Menschheit hält.

Grace hatte nicht viel mit der Welt zu tun, aber die wenigen Menschen, die sie kannte, konnten sie nie berühren, und Mr. Paul Lyons war manchmal erstaunt und manchmal amüsiert, als er sah, wie sie durch ihr Leben segelte und sich an der Vorstellung erfreute, dass alle Menschen sie teilten eigenen höchsten Glauben an ihre Überlegenheit.

Wie sehr er versuchte, Margaret dazu zu bringen, ein wenig an ihn zu glauben – immer wieder musste er zugeben, dass er versagt hatte. Sie war immer die Gleiche, süß, kalt und völlig gleichgültig.

Die Bemühungen von Lady Lyons, Informationen von Mrs. Dorriman zu erhalten, scheiterten auch in anderer Richtung. Was konnte sie sagen, da sie selbst keinerlei Ahnung von der Stellung ihres Bruders hatte?

Eine Frau, die bereits Erfahrung mit der Welt hatte, musste die durchsichtigen Bemühungen ihrer Mutter, etwas Greifbares zu erfahren, durchschaut haben. Mrs. Dorriman begriff es überhaupt nicht. Sie redete ruhig genug über die verschiedenen Themen, die ihre Freundin vorgebracht hatte; aber sie war eine absolut ehrliche Person; Sie konnte nichts erfinden, sie hatte keine Vorstellungskraft und konnte daher weder etwas vermuten noch vorschlagen.

„Es muss ein großer Trost sein, meine liebe Anne, einen sehr reichen Bruder zu haben, auf den man zurückgreifen kann", sagte Lady Lyons eines Tages zu ihr und beobachtete ein wenig gespannt ihr Gesicht, während sie sprach.

„Das nehme ich an", sagte Mrs. Dorriman zweifelnd und dachte darüber nach, dass es ihr immer sehr schwer fiel, ihn darum zu bitten, wenn sie etwas brauchte.

„Was für eine gewaltige Sache für diese Mädchen, es sei denn, er würde tatsächlich heiraten."

Mrs. Dorriman blickte auf, sehr verwirrt über den Tonfall ihrer Freundin.

„Ich nehme an, es ist eine gute Sache für sie", sagte sie langsam. „Ich glaube nie, dass mein Bruder noch einmal heiraten wird; er hat seine Frau so sehr geliebt – das arme Ding!"

„Sehr nett, sehr anständig", sagte Lady Lyons, „und um der Mädchen willen hoffen wir, dass diese Stimmung anhält. Ich bin mir sicher, meine liebe Anne, um ihretwillen würden Sie Ihren Einfluss dagegen einsetzen ." ein Schritt. Zu seiner Zeit –"

„Er ist kein alter Mann", sagte Mrs. Dorriman sehr hastig, „und was den Einfluss betrifft – meine Liebe, wenn mein Bruder jemanden heiraten wollte, würde ich wahrscheinlich nichts davon hören, bis er mir seine Frau vorstellte." „Wenn er sich entscheidet, handelt er", sagte Frau Dorriman und dachte mit einem leichten Schauer an ihre eigene Ehe und andere Dinge.

„Ich bin mir nicht sicher, ob ich das bei einem Mann ganz nett finde", und Lady Lyons öffnete ein schmales Armband, das sie trug, und schloss es mit großer Sorgfalt; darauf bedacht, nicht zu sehr interessiert auszusehen, und trotzdem den Wunsch verspüren, mehr zu erfahren.

„Mein Bruder ist nicht von der Frauengesellschaft abhängig; das war er nie. Seine eigene Mutter ist früh gestorben, und dann ist er weggegangen – ich habe ihm nie viel bedeutet."

„Armer Mann! Aber jetzt, meine liebe Anne, solltest du ihn ein wenig humanisieren. Wenn er sich einmal daran gewöhnt hat, dich und die Mädchen zu haben, wird er euch alle vermissen, und er wird die Mädchen vermissen, wann immer sie heiraten."

Frau Dorriman antwortete nicht. Ja, er würde Margaret vermissen – er wollte sie unbedingt behalten.

Wie alle Menschen mit einem Motiv hatte Lady Lyons große Angst davor, dass ihr Motiv entdeckt würde; und sie zögerte jetzt, getrieben von ihrem großen Wunsch, ihren Sohn führen zu können und, bevor es zu spät war, etwas Bestimmtes über „diese Rivers-Mädchen" herauszufinden.

„Den Mädchen geht es vermutlich so gut, dass seine Heirat oder ihr Unverheiratetsein sie kaum beeinträchtigen kann", sagte sie, nahm ihr Stricken wieder auf und beobachtete aufmerksam Mrs. Dorrimans ruhiges Gesicht.

„Oh je, nein!" sagte die arme kleine Dame überrascht: „Mein Bruder hat ihnen sehr geholfen – sie haben ihm wirklich viel zu verdanken."

„Ah! Dann wird er sicher für sie sorgen", sagte Lady Lyons, „bequem, besonders für Margaret."

Mrs. Dorriman sah ein wenig erschrocken zu ihr auf. Hatte sie etwas gesagt?

„Wir wissen nichts. Er liebte Margaret. Er liebte –" Sie hielt inne, sie konnte nicht sagen, dass dieser von Grace initiierte und von Margaret umgesetzte Schachzug ihn verletzt und beleidigt hatte. Sie wusste, dass er beleidigt war, aber alles, was passierte, gehörte zur Heiligkeit des Zuhauses. Sie fühlte sich irgendwie schuldig. Wie kam es, dass Lady Lyons, die im Allgemeinen zurückhaltend und zurückhaltend war, diese Dinge ansprechen durfte? Mit einer kleinen Bewegung ihres Kopfes und ihrer Schultern, die ihre Entschlossenheit zum Ausdruck brachte, wandte sie sich Lady Lyons zu und sagte ruhig:

„Ich würde es vorziehen, nicht über die Absichten meines Bruders zu sprechen, die ich nicht kenne. Ich weiß wirklich nichts und Vermutungen sind nutzlos."

„Wir werden seine Absichten nicht besprechen", sagte Lady Lyons mit einer Fröhlichkeit, die sie nicht empfand; „Ein Mann, der sich so gut und freundlich gezeigt hat, wird diese armen Mädchen wahrscheinlich nicht mittellos auf die Welt werfen – ich kann mit Sicherheit prophezeien, dass Margaret seine Erbin sein wird." Sie lächelte Mrs. Dorriman an, die ihr kein Lächeln erwidern konnte. Sie war erschrocken und verärgert über sich selbst. Sie hatte kein Recht, über ihren Bruder zu sprechen. Sie war zuversichtlich, dass sein Handeln ausschließlich von den Gefühlen des Augenblicks bestimmt werden würde. Er mochte Margaret; Wenn Margaret ihn beleidigte, würde seine Zuneigung sie nicht vor den Auswirkungen seines Unmuts bewahren. Sie begann ihn zu verstehen, zu erkennen, dass alles seinem Willen unterworfen sein musste, dass die größte und stärkste Eigenschaft seines Charakters seine Liebe zur Macht war.

Nach diesem Gespräch verlor Lady Lyons keine Zeit, ihren Sohn zu warnen.

„Nichts ist geklärt", sagte sie. „Es mag Margaret sein, aber er ist ein jüngerer Mann, als ich dachte, und er könnte heiraten; mein lieber Junge, du darfst nichts vorschnell tun."

Er drehte das Thema mit einem Lachen um, in dem, um die Wahrheit zu sagen, nicht viel Heiterkeit zu finden war. Seine Leidenschaft für Margaret war auf jeden Fall aufrichtig, und da er häufig Gelegenheit hatte, sich zu treffen, war es ihm völlig unmöglich, seine Gefühle vor ihr zu verbergen.

Bevor sie ihn aufhalten konnte, erzählte er ihr hastig seine Geschichte und sah ihr ins Gesicht, das Ärger und Bedauern zeigte, aber keine Leidenschaft, keine Liebe, keine Reaktion auf seine Hingabe.

Dort las er seine Antwort und seine Verzweiflung bewegte sie. Sie war betrübt und bestürzt; Ihr war er immer so inkonsequent, so ein Kleiner vorgekommen, wie hätte sie jemals glauben können, dass er zu einer so starken Liebe fähig war?

Aber ihr großer Trost in all dem war das Fundament, auf das er sich selbst setzte; Er würde sich in allen Dingen von ihr leiten lassen, sie wäre sein gutes Genie, sein Gewissen. Er würde immer tun, was sie wollte. Sie würde sein Schutzengel sein! Dies erleichterte die Ablehnung.

Sie schreckte vor seinen ausgestreckten Händen zurück.

„Das kann ich nicht", sagte sie. „Das kann ich nicht! Es ist unmöglich. Ich kann dir niemals die Liebe geben, die du verlangst."

„Das denkst du jetzt, Margaret – vielleicht nenne ich dich Margaret – du bist so jung, dass du es nicht weißt; willst du es nicht versuchen, kannst du mich nicht hoffen lassen?"

„Siehst du nicht“, sagte sie mit dem sanften Tadel im Blick, den ein Engel hätte haben können, „dass die Liebe kommen muss? Und da ist noch etwas anderes.“

„Wirst du es mir nicht sagen?“ er sprach mit leiserer Stimme.

„Ich werde dich beleidigen.“

„Du kannst mich nicht beleidigen.“

„Wenn ich liebe – wenn ich liebe – muss es ein Mann sein“, sagte sie und ihr Gesicht strahlte, „ein Mann, der nicht der Führung eines schwachen Mädchens bedarf, sondern der das, was er tun muss, aus einem hohen Sinn heraus tut.“ von Recht, der hohe Ziele hat, der in allen Dingen über mir steht.“

„Das ist Torheit!“ rief er wütend; „Du würdest mein ganzes Glück durch ein vages und ideales Rechtsgefühl ruinieren. Du wirst dieses Ideal nie erreichen. Alle Männer werden zu dir aufschauen, schöne Margaret. Du wirst nie einen finden, der über dir steht.“

„Vielleicht nicht“, sagte sie, „aber dann werde ich nie lieben.“

Sie trennten sich, sie war traurig, aber standhaft, und er war elend und entmutigt. Er spürte die Wahrheit von vielem, was sie sagte, und war so verliebt, dass er an sie dachte, während er sie für grausam hielt.

„Hätte meine Mutter anders gehandelt“, dachte er bitter, „hätte sie mich gezwungen, die Rolle eines Mannes zu spielen!“ und dann stieg ihm die Schamröte ins Gesicht. „Warum ihr die Schuld geben? War das würdig?“ Er schritt davon und versuchte in schnellen Bewegungen, seine Enttäuschung zu besänftigen. Niemand darf es jemals erfahren, und Margaret war noch so jung. Irgendwann in der Zukunft vielleicht.

So geschah es, dass sein Lachen voller Bitterkeit war, als die arme Lady Lyons ihm ihre gut gemeinte Warnung gab.

Sie bemerkte es jedoch und schätzte es sehr ein, dass sie ihn so beeinflusst hatte, dass ihr Sohn Margaret mied; Sie verstand es nicht im Geringsten, da sie einfach dachte, dass er ihrem Rat folgte, und dachte, dass sein Ausweichen vielleicht zu stark ausgeprägt war. Mutterhaft muss sie sich ein wenig einmischen, er soll sich zurückziehen, aber nicht so deutlich, dass ein Vorwärtsgehen unmöglich wird; angenommen....

„Du bist ein lieber, guter Junge“, sagte sie abends liebevoll zu ihm, als er mit einem Buch vor sich und den düsteren Augen auf das Feuer gerichtet dasaß und fürchtete, dass sie sein Gesicht beobachten würde; „Du bist immer so gut darin, den Rat deiner armen alten Mutter zu befolgen. Ich sehe, dass du die Rivers-Mädchen in Ruhe lässt. Du darfst es nicht übertreiben, Liebes.

Wenn Geld da ist – wenn es keine Unvorsichtigkeit wäre, wäre es keine schlechte Sache.“ , und dann, wissen Sie, könnten sie es Ihnen übel nehmen, dass Sie sie *ganz aufgegeben haben* , könnten Sie nicht Freunde behalten, ohne …“

„Ohne was, Mutter?“ fragte er mit heiserer Stimme, die sie ein wenig erschreckte.

„Ich suche nach einem Wort, meine Liebe“, antwortete sie offen; „Ich möchte, dass ein Wort meine Bedeutung ausdrückt, und das würde nicht zu stark klingen.“

Paul lachte ironisch.

„Such weiter, Mutter, und wenn du das Wort gefunden hast, kannst du es mir noch einmal sagen.“

„Es ist so ermüdend von dir zu lachen, aber was ich sagen möchte ist, dass es nicht schaden würde, wenn du ein gewisses Maß an Aufmerksamkeit schenkst, vorausgesetzt, dass du dich nicht *ganz* darauf einlässt.“

„Und wenn das Mädchen mich mochte“, fragte Paul und sah sie mit leuchtenden Augen an, „was wäre dann, wenn ich mich nicht verpflichtet hätte?“

„Mein lieber Paul! Kein wohlerzogenes Mädchen würde auf die Idee kommen, dich zu mögen, würde in dich verliebt sein, bis du etwas gesagt hättest. Zumindest“, sagte Lady Lyons, richtete sich auf und sah sehr tugendhaft aus, „ In meiner Jugend hätten Mädchen das für völlig falsch gehalten.“

„Jetzt kommt es mir vor, Mutter, dass deine Idee sehr kaltblütig und grausam ist; macht dich deine Liebe zu mir so blind, dass du das nicht sehen kannst?“

„Ich bin kaltblütig und grausam! Oh, Paul, was habe ich getan“, sagte die arme Frau hilflos, „dass du mir solche Schimpfnamen gibst?“

„Ich habe Ihre Idee als grausam bezeichnet, und sie ist grausam“, sagte Paul hitzig, „Sie denken nicht darüber nach, was Sie mir raten. Der Himmel weiß, dass ich nichts in mir habe, um die Liebe eines guten Mädchens zu gewinnen, aber Sie raten mir, es zu versuchen.“ Tue es, und doch, während ich in Wirklichkeit sage, dass ich dich liebe und sie anflehe, mich ebenfalls zu lieben, kann es sein, dass ich mich frei fühle und frei bin, denn in *Worten* habe ich es nicht als beschämend bezeichnet, Mutter!“ Er stand auf und ging eilig im Zimmer auf und ab, dann wurde er weicher beim Anblick ihrer Verzweiflung, beugte sich zu ihr herab und küsste sie. „Verzeihen Sie mir, wenn ich hart und unfreundlich wirke, aber ich bin sehr unglücklich, sehr elend“, und als er sich wieder hinsetzte, legte er sein Gesicht auf seine Arme.

Die arme Lady Lyons, die in ihrem eintönigen Kreis kleiner Pflichten lebte, nie aufgeregt war oder sich von irgendwelchen Interessen, die ihren Sohn nicht berührten, stören ließ, war außerordentlich verwirrt. Etwas schien auf einmal anders zu sein. Sie und ihr Sohn hatten häufig Meinungsverschiedenheiten gehabt, aber er hatte sich in diesen Momenten beleidigt, und sie hatte sich beschwert, und sie war immer so froh gewesen, ihm zu vergeben. Jetzt gab er ihr plötzlich die Schuld! Sie konnte sich nicht sofort in die neue Lage hineinversetzen. Ihr schwacher Geist, der ausschließlich von der Zuneigung zu ihrem Sohn eingeschränkt war, sah außerhalb dieses Horizonts nichts.

Als es zur Versöhnung kam, war sie für ihre Gefühle nicht ganz so befriedigend, denn Paulus sagte nicht, dass es ihm leid tat: Im Gegenteil, er stritt mit ihr und ließ sie die Last einer Niederlage spüren. Sie ging in ihr Zimmer, und während sie an dem dünnen Brei nippte, der ihre Abendstunden tröstete, liefen zwei oder drei Tränen über ihr Gesicht, und sie wurde sich bewusst, dass plötzlich eine neue und sehr schmerzhafte Erfahrung auf sie zukam.

Zur gleichen Stunde standen Margaret und Grace und blickten auf das mondbeschienene Meer – eine Szene, die Margaret nie verblasste und die Grace aus Müßiggang teilte.

Über die Liebe von Paul Lyons und seine Anziehungskraft auf Margaret wurde nicht einmal mit ihrer Schwester gesprochen. Armer Junge! Seine Zuneigung muss vor unvorsichtigen Augen heilig sein.

Während sie auf das Meer blickten, glitt plötzlich im grellsten Licht eine stattliche Jacht dahin.

Ihre weißen Segel waren gespannt, um jedes Flüstern des leichten Windes einzufangen, und sie sah aus wie ein großer, lieblicher Seevogel, der zu seinem Nest flatterte.

Die Schwestern hatten sich mit den verschiedenen Schiffen und Yachten vertraut gemacht, die kürzere oder längere Reisen unternahmen und zu ihren Liegeplätzen hier zurückkehrten, aber das war etwas Neues.

Mit einer gewissen Neugier sahen sie zu, wie es seinen Platz einnahm, sahen zu, wie sich die Lichter bewegten, hörten die kurzen, scharfen Befehlsworte über das Wasser hallen, ohne sich des neuen Interesses bewusst zu sein, das sie in aller Unwissenheit in ihr Leben brachte.

KAPITEL XI.

Herr Sandford kehrte von seiner Reise zurück und wusste, dass er dort niemanden antreffen würde, wenn er zu Hause ankam. Er hatte sich für diesen Zeitpunkt entschieden, das Haus zu verlassen, weil dies der einfachste Weg war, einer Erklärung zu entgehen, die, wie er halbwegs erkannte, die Form einer Entschuldigung annehmen musste.

Zwar war er der Meinung, dass seine Schwester das Geschehene übertrieben beurteilte, aber das Gefühl für Recht und Unrecht, das einen Mann viele Jahre lang nicht verlässt, überführte ihn in die Schuld. Es war keinem übermütigen Mädchen möglich, sich dem Stand zu fügen, auf den er Grace zu stellen versuchte, aber er hatte sie zunehmend nicht mehr leiden können, und es machte ihm überhaupt nichts aus, sie verletzt zu haben. Die einzige Frage betraf Margaret.

Ja! Margaret war anders. Er dachte oft an ihren Gesichtsausdruck, an die Art und Weise, wie sie sich empörte, wenn es um Grace ging; und er bedauerte seinen Mangel an Kontrolle über sie. Könnte zwischen ihnen jemals wieder alles in Ordnung kommen?

Es gibt Wahrheiten, die sich bemerkbar machen, ohne dass sie durchdacht, geschweige denn ausgesprochen oder in Worte gefasst werden, und eine Wahrheit war ihm damals präsent. In dem Moment, in dem sich die leiseste Frage nach einer Verpflichtung in die enge Beziehung zwischen einer Person und einer anderen Person einschleicht und der Verdacht der Dankbarkeit *möglich wird* , ändert sich der Charakter der bestehenden Liebe auf subtile Weise. Zwischen Freund und Freund ist es anders; da empfängt oft einer, der andere gibt; aber bei nahen Verwandten macht die Erwartung einer kleinen Dankbarkeit den Unterschied zwischen ihnen aus. Unter den Schwestern ist eine Art Kommunismus eines der verbindenden Bande; ein gemeinsames Eigentum, ein Recht auf Teilen, und eine der Enttäuschungen des Lebens besteht darin, dass diese enge Bindung durch einen äußeren Einfluss oder eine Positionsänderung in eine relative Position der Ungleichheit abdriftet.

Mr. Sandford wusste, dass er sich freundlich, wenn nicht sogar großzügig verhielt, als er sich mit den Nichten seiner Frau anfreundete und sie adoptierte, die nicht mit ihm verwandt waren; er hatte ihnen bei der Ausbildung geholfen und ihnen ein Zuhause geboten. Für diese Dinge hatte er es verdient, dass sie auf ihn Rücksicht nahmen und ihm dankbar waren. Aber andererseits, wenn er ihnen das Zuhause unerträglich machte, neutralisierte er das Geschenk und verdarb seinen Geschmack.

Abgesehen von der Vorliebe für die Macht, die Teil seines Charakters war, glaubte er, dass er sich durch seine spontanen Handlungen ein gewisses Recht über sie erworben hatte, und er hatte die volle Absicht, dieses Recht auszuüben. Dann war er mit der ganzen Unvernünftigkeit eines Mannes, der nie beide Seiten einer Frage sehen konnte, zutiefst enttäuscht, dass sie ihm nicht mehr Zuneigung entgegenbrachten. Er wollte „Onkel" genannt werden, aber er sagte es nie, und die Mädchen, für die er immer eine „unbekannte Größe" gewesen war, hatten nie an eine so natürliche Bezeichnung gedacht.

Er mochte es, gefürchtet zu werden; Er wünschte sich auch, geliebt zu werden, besonders von Margarete, zu der er die stärkste Neigung empfand.

Als er zu seinem eigenen Haus hinaufging, vermisste er den ruhigen, süßen Blick seiner Schwester und die fröhlichen, mädchenhaften Stimmen; Das Haus traf ihn schmerzlich, es war so trostlos und so langweilig. Er wurde erwartet, aber nicht so bald. Im Salon herrschte Stille und Kälte; es brannte kein Feuer im Kamin, der Teppich war zusammengerollt, alles sah aus, als hätte es fast einen Todesfall gegeben; und mit einem Schauder und einem großen Niedergang und Niedergeschlagenheit ging er in sein eigenes Zimmer – das kleine Zimmer unten, wo seine Pläne geschmiedet und seine Erfolge und seine Misserfolge bewältigt und gemeistert wurden.

Hier begann langsam ein Feuer zu brennen und der Raum war kalt. Anne hätte dafür gesorgt, dachte er und vergaß, dass er einige Stunden vor seiner eigentlichen Absicht zurückgekehrt war und festgestellt hatte, dass eine Person, die er geschäftlich treffen wollte, nach Süden gegangen war.

Das Zimmer war peinlich aufgeräumt, aber so trostlos; er versuchte sich daran zu erinnern, wie das alles schon vor langer Zeit gewesen war (er glaubte, es wäre lange her), bevor er krank gewesen war, bevor seine Schwester Anne und die Mädchen zu ihm gekommen waren; und er erinnerte sich an das trostlose und trostlose Gefühl der Krankheit, das ihn überkam, und daran, wie er damals gelitten hatte.

Auf seinem Schreibtisch lag ein Stapel Briefe, ordentlich geordnet, und er sah sie sich an. Da war eins von seiner Schwester und er nahm es auf.

Es dauerte nicht sehr lange, aber es erfüllte ihn mit einem gewissen Unbehagen. Mrs. Dorriman, die immer darauf bedacht war, ihr Vertrauen zu erfüllen und sich ihrer Verantwortung würdig zu zeigen, skizzierte ihr Leben zu seinen Gunsten und ließ ihn, ohne die Tatsache übermäßig zu betonen, wissen, dass eine andere Person bereit sei, Margaret seine Wertschätzung zu zeigen . Und er wünschte sich so sehr, dass Margaret bei ihm zu Hause wäre, zumindest für ein paar Jahre. Sie war noch so jung, und wenn ihre Schwester nur entsorgt würde, glaubte er, sie würde ihn mögen.

Warum war es immer Margaret?

Mrs. Dorriman erwähnte auch den flüchtigen Blick, den sie auf Mr. Drayton geworfen hatten, den Mann, von dem er so viel gehofft hatte, der so offen und zurückhaltend wirkte und der ihn in vielerlei Hinsicht enttäuscht und verblüfft hatte.

Er wollte auch Margaret. Er war zufällig dort gewesen. Natürlich würde er wieder zurückgehen, und Mr. Sandford stand auf, ging im Zimmer auf und ab und blieb stehen, um das Feuer heftig anzufachen, so heftig, dass die frisch angezündeten Stöcke zusammenbrachen, die Kohle die flackernde Flamme erstickte und das Feuer erlosch.

Mit einem genervten Ausruf klingelte Mr. Sandford. Die Antwort wurde von Jean gegeben, der vor lauter Nervosität auf die Gelegenheit wartete, mit ihm zu sprechen, viel zu große Ehrfurcht vor ihm hatte, als dass er ohne Gelegenheit auf ihn gestoßen wäre.

Sie schaute auf das Feuer und verstand, was passiert war, ging los, um frisches Holz zu holen, legte das Feuer ein und zündete es in wenigen Sekunden erneut an, dann konfrontierte sie ihn und fragte ihn, ob er noch etwas wollte.

„Wann soll ich zu Abend essen?" fragte er plötzlich.

„Sie können jetzt etwas essen, wenn Sie möchten; das Abendessen kann jederzeit nach sieben sein", sagte Jean. „Sie sehen kalt aus, Sir?"

„Das Haus ist wie ein Eisberg", sagte er in einem mürrischen und klagenden Tonfall, „ganz groß genug, um eine Erkältung zu verursachen."

„Es ist trostlos und langweilig und kalt genug, Sir, ohne niemanden, sondern nur mit einem Mann", sagte Jean. „Für einen Mann ist es kein großer Trost, allein zu sein."

„Haben Sie von Frau Dorriman gehört?" er hat gefragt.

„Oh, sicherlich, Sir, sie schreibt mir eine Weile."

„Ich habe einen Brief, ich nehme an, dass es ihr gut geht?"

„Sie beklagt sich nicht über ihren schlechten Gesundheitszustand; nicht, dass Mrs. Dorriman sich gern beschwert", sagte Jean; „Sie wird eine Menge ertragen, nicht wahr, Mrs. Dorriman, eher als ein Wort zu sagen."

Meinte sie damit etwas? Mr. Sandford warf ihr einen scharfen Blick zu und hielt es für das Beste, nichts zu sagen.

„Wann möchten Sie zu Abend essen, Sir?" fragte Jean.

„Oh! jederzeit nach sieben“, antwortete er, und in seinem Ton lag eine gewisse Müdigkeit, die ihr auffiel.

Sie sagte nichts mehr, sondern schaute auf das Feuer, das jetzt loderte, und ging zurück zu ihrem Reich.

Es war noch früher Nachmittag, doch die mangelnde Klarheit der Luft rund um den Ort ließ es bald dunkel werden.

Auf einem ordentlich gedeckten Tisch, der gemütlich aussah, stand Jean's Tee, obwohl die Teekanne, eines dieser entzückenden braunen Steingutgefäße, die irgendwie so hervorragenden Tee hervorbrachten, auf einer heißen Platte vor dem Feuer stand.

Jean bereitete einen zarten Toast zu und stellte ein kleines Tablett bereit; Sie schenkte die erste Tasse aus, beschloss, ihm das Beste zu geben, und war bald wieder in seinem Zimmer. Ihr großes Allheilmittel gegen alle Übel lag in ihren Händen, und Mr. Sandford, der sich Trost und Wärme wünschte und nicht verstand, wie sehr er beides wollte, saß da und blickte trübsinnig ins Feuer, wohlwissend, dass das Leben mit ihm irgendwie völlig falsch lief.

Er nahm Jean's Aufmerksamkeit ohne große Dankbarkeit entgegen, aber als sie gegangen war, wandte er sich tröstend an sie und verschlang den ganzen Toast, wie Jean hinterher mit großer Befriedigung feststellte.

Dann las er seine Briefe und fühlte sich besser; und einen Brief hielt er lange in der Hand.

Obwohl Mr. Sandford als reicher Mann bekannt war, wurde er nie als spekulativer Mann bezeichnet. Er gehörte zu den Menschen, die als „allgemein sehr sicher“ galten. Niemand gab sich größere Mühe als er, sich nach Wertpapieren zu erkundigen, niemand war mehr daran interessiert, ein mögliches Risiko zu erkennen, und seine Investitionen, seine finanziellen Möglichkeiten, alles zusammen verschaffte ihm eine Position, die er sehr schätzte.

Aber wie es bei den vollkommensten Charakteren einen Fehler gibt und wie es bei der Rüstung eine verletzliche Stelle gibt, gibt es bei Geschäftsbeziehungen manchmal eine Schwachstelle.

Er war nicht großherzig genug, um jemals einzugestehen, dass er Unrecht hatte. Er konnte es nicht ertragen, verdächtigt zu werden, einen Fehler begangen zu haben; und manchmal befand er sich in einem Dilemma und stellte fest, dass die Hörner sehr spitz waren.

Er liebte die Macht, das Diktieren und Lenken, das Führen mit harter und harter Hand so sehr, dass er manchmal eine falsche Sicht auf eine

Angelegenheit hatte und dann lieber seine eigenen Interessen opferte, als dass ihm das Gegenteil bewiesen wurde.

In diesem Moment wurde er mit einem schrecklichen Fehler konfrontiert. Er dachte und dachte, bis er müde wurde, wie er damit umgehen und daraus herauskommen könnte. Er konnte seine anderen Investitionen nur mit einem ruinösen Verlust stören. Er war sich so sicher gewesen, dass er das schwimmende Kapital, auf das er normalerweise zurückgreifen konnte, eine Zeit lang verschlossen hatte, und er befand sich zum ersten Mal fast gestrandet.

Es war nicht nur die Möglichkeit eines schweren Verlusts, sondern auch die Tatsache, dass er so gut wusste, dass, wenn alles bekannt wäre, was bekannt sein muss – es sei denn, er könnte es schaffen, alles zu überbrücken – es seine Position rundum erschüttern würde.

Kalte Tropfen bildeten sich auf seiner Stirn, während er rasch über all diese Möglichkeiten nachdachte. Er sah, wie in einem weiten Blick, alles, was ihm wichtig war, alles, wofür er sich abgemüht hatte, hinweggefegt wurde, und sich selbst, der da stand, ohne einen Freund, das Gespött eben jener Leute, die ihm jetzt schmeichelten und aus denen er Nutzen ziehen wollte sein überlegenes Verständnis in Finanzfragen.

Er beschlagnahmte ein Zugbuch. Es gab nur eine Chance – Mr. Drayton.

Seine Schwester hatte ihn erwähnt, und er war sich ziemlich sicher, dass er sich wieder auf den Weg dorthin machen würde, da er seine Nichten in Lornbay gesehen hatte.

Er würde dorthin gehen und es schaffen. Für Herrn Drayton gab es keinen Ruin und keinen Positionsverlust. Angenommen, er würde verlieren – die ganze Welt betrachtete ihn als einen liebenswürdigen Dummkopf, wenn es um geschäftliche Angelegenheiten ging. Er hatte keine Position zu verlieren; es wäre kein Sturz, wie er es gewesen wäre; und es würde keinen Verlust geben. Es war nur eine vorübergehende Peinlichkeit.

Er klingelte noch einmal, und Jean sah, dass er nun wieder ganz in seiner alten herrischen, herrschaftlichen Stimmung war.

„Lass mich sofort etwas essen und sag Robert, er soll meine Sachen wieder packen. Warum er nicht auf mein Klingeln antwortet, kann ich nicht verstehen. Was nützt er?“

„Da Robert nicht wusste, dass du so bald zu Hause sein würdest, ging er los, um ein paar Nachrichten zu erledigen. Aber ich erwarte ihn in ein oder zwei Augenblicken. Dann werde ich dein Bett nicht zudecken?“

Sie sprach in einem fragenden Ton; Ihre sparsame Seele war darauf bedacht, die Wäsche, die gerade gelüftet wurde, nicht zu zerknittern, wenn es nicht nötig war.

„Ich muss sofort gehen. Ich gehe nach Lornbay. Ich nehme an, Sie haben keine Nachricht?“

„Ich werde Sie nicht mit Nachrichten belästigen. Ich benutze auf jeden Fall meinen Stift, wenn es nötig ist“, sagte sie sehr ruhig und eilte los, um ihm etwas zu essen zu besorgen, was in den Händen eines erfahrenen Kochs nie eine große Schwierigkeit darstellt.

Man kann sagen, dass sie noch am selben Abend an ihre Geliebte schrieb, wie sie Mrs. Dorriman immer nannte, und eine anschauliche Beschreibung von Mr. Sandfords Ankunft gab.

Wie so oft lag der Kern ihres Briefes im Nachwort.

„Du wirst froh sein zu hören, Mem, dass er, obwohl er äußerst modisch und frech war, nicht nur sehr wild war, sondern seinen Tee trank und den ganzen Toast aufschlug“, schrieb Jean, der ihn noch nie zuvor herablassend erlebt hatte zu so einfacher Kost.

Schließlich hat Mr. Sandford in dieser Nacht nicht angefangen. Er überlegte, dass er, da er besorgt war, seine Angst nicht zeigen durfte; und auch dieses Gefühl des Unwohlseins, das er nicht kannte, veranlasste ihn, seine Reise auf den nächsten Tag zu verschieben, eine Verschiebung, die Jeans vollste Zustimmung fand. Warum Menschen ihre Nächte polternd und taumelnd verbringen sollten, obwohl sie vielleicht in ihren Betten lagen, war für sie eines der überraschendsten Dinge im Leben, und sie hielt es für „klug“, es nicht zu tun.

Aber diese Verschiebung machte einen Unterschied: Statt sie alle zu überraschen, wurde Mr. Sandford erwartet. Das Trio war allein, und soweit er feststellen konnte, hielt sich dort niemand auf, der für ihn interessant war.

Frau Dorriman war froh, dass er gekommen war. Sie war immer dankbar, die Verantwortung zu teilen; und sie fand, dass er krank aussah – eine Tatsache, die sie ihm gegenüber immer sanfter machte.

Ihre Gefühle für ihn hatten sich tatsächlich stark verändert, und sie dachte nie bitter an seine alten Missetaten ihr gegenüber. Zeit, die einen Kummer mildert, heilt viele Unterschiede; Und obwohl sie immer das Bewusstsein hatte, kaum benutzt worden zu sein, merkte sie immer wieder, dass sie Rücksicht auf ihn nahm, und ihr Mitgefühl begann, alle Quellen ihrer Verärgerung gegen ihn abzuschwächen.

Jeans Brief, der über Nacht aufgegeben wurde, traf kurz nach dem Frühstück ein; die Mädchen waren bestürzt; sie hatten sich mit zornigen Gefühlen von ihm getrennt, und wie sollten sie sich nun wiedersehen? Margaret rief Grace vergeblich als Begleitung an und machte sich auf den Weg zu einer langen Expedition zwischen den niedrigeren Hügeln, die die Höhen hinter Lornbay krönten. Von oben hatte sie eine größere Aussicht, und mit Tennyson in ihren Händen, mit dem sie alle ihre glücklichsten Momente verbrachte, bereitete sie sich darauf vor, weit zu wandern, ohne sich darüber zu ärgern, allein zu sein, und sich vor der Gesellschaft von Mr. Paul Lyons oder anderen sicher zu fühlen von einer dieser alltäglichen, wenn auch freundlichen Frauen, die sich nach und nach um Mrs. Dorriman versammelt hatten und Margarets Geduld auf eine harte Probe stellten.

Würde jemals ein Tag kommen, dachte sie oft mit mädchenhafter Ungeduld, an dem sich die Interessen des Lebens auf ein neues Muster in Kreuzstich- oder Kreuzsticharbeiten und auf den Mangel an Geschmack in der Art und Weise, wie jemand einen Bogen setzt, beschränken würden an der Seite einer Kappe. Diese trivialen Dinge lagen so weit außerhalb von allem, was für sie möglicherweise von Interesse war, dass sie die Leute verachtete, die sie offensichtlich für wichtig hielten.

Margaret begann auch eine weitere Entdeckung zu machen, die sie mit Schmerz und sogar Schrecken erfüllte. Sie hatte einen zu aufrichtigen Geist, um sich nicht die Wahrheit einzugestehen, wie unwillig sie auch sein mochte, und die Wahrheit, die ihr Angst machte und sie bestürzte, war der große Unterschied, der zwischen ihrer Schwester und ihr selbst bestand. Ihr ganzes Leben lang hatte sie zu Grace aufgeschaut, sie bewundert und verehrt. Jeder Tag zeigte ihr nun, dass Grace in jeder Hinsicht einen niedrigeren Standard hatte als sie. Sie war zufrieden damit, ihre Zeit in völliger Müßiggang zu verbringen; Sie würde mit ihrer Schwester nicht einmal mehr über wichtige Angelegenheiten sprechen. All diese Fragen des religiösen Denkens, die sich einem jungen Mädchen stellen, wenn ihr Verstand anfängt, seine eigenen Schlussfolgerungen zu ziehen und sie die Grenzen und Linien abschüttelt, die bis dahin die akzeptierten Leitfäden für ihren gesamten Glauben waren, waren offensichtlich zu abstoßend, um sie zu verhindern An der Gnade muss festgehalten werden. Wir empfinden es als respektlos, einer unvorsichtigen Hand zu gestatten, unsere heiligsten und höchsten Gedanken zu berühren, so wie wir es tun, wenn ein Spötter mit uns eine Kirche betritt. Die arme Margaret, die oft ratlos war und sich selbst Fragen stellte, die selbst die weisesten Männer schon immer vor ein Rätsel gestellt hatten, gab ihrem eigenen Mangel an Wahrnehmung die Schuld daran, dass sie nicht verstanden hatte. Sie hatte ein hohes Ideal, einen Wunsch nach dem Besten, und es ging ihr oft schlecht, weil ihr Glaube vermeintlich mangelhaft war und sie nicht unerschütterlich war. Sich an Grace zu wenden, die ihrer

Meinung nach in puncto Klugheit ihr weit überlegen war, wäre für sie ein unendlicher Trost gewesen.

Aber nicht nur in diesen tieferen Dingen unterschieden sich die Schwestern. Grace, voller Eitelkeit, war in ihrem Appetit auf Applaus unstillbar. Sie gab sich endlose Mühe, Aufmerksamkeit zu erregen, und verstand, dass Aufmerksamkeit immer gleichbedeutend mit Bewunderung war. Nicht die ganze Liebe Margarets zu ihr konnte dies vor ihren weit geöffneten Augen verbergen, und für den höheren Charakter der strengen jungen Schwester war diese intensive Eitelkeit fast ein schlimmerer Fehler als vielleicht ein stärkerer Typ. Es schien ihr völlig unter der Würde einer Frau zu liegen, und zwar einer solchen Frau wie Grace.

In dem Raum, den sie miteinander teilten, wurde jede Kerze auf das Glas gerichtet, und Grace brauchte keine Zeit, um ihr Haar zu locken, zu krümmen und zu frisieren. Glücklicherweise wurde ihr langes, dichtes Haar durch Zufall einfach nach hinten geglättet und zu einer Spirale gedreht, deren Anordnung nur wenige Augenblicke dauerte.

Diese Momente, in denen Margarets ernste junge Augen verwundert auf ihre Schwester gerichtet waren, waren für sie voller Kummer. Dann erfüllten Graces Angewohnheit, über eine Frage hinwegzulachen, ihre kleinen durchsichtigen Launen und Täuschungen die jüngere Schwester mit Besorgnis. Obwohl sie einfallsreich war, übertrieb sich die Wahrheit vor ihren unerfahrenen Augen, und sie sah, wie ihre Schwester von ihr abdriftete und jeden Tag auf eine niedrigere Ebene abrutschte, während sie hilflos daneben stand. Diese Gedanken erfüllten ihren Geist, unter Ausschluss anderer Dinge; Sie versuchte zu lesen, sie versuchte, die große Wasserfläche zu genießen, die schwachen blauen Hügel mit den wechselnden Lichtern, aber ihr war schwer ums Herz, und sie setzte sich an den Fuß einer steilen und felsigen Schlucht und gab sich der Melancholie hin Reflexionen.

Dann geschah etwas – was sie nie richtig wusste –, aber es gab einen plötzlichen Schrei, ein Rauschen und Fallen des Felsens, unter dem sie saß, und eine Gestalt, die vergeblich versuchte, sich zu schützen, stürzte zu Boden und blieb hilflos ein paar Meter von dort entfernt liegen Mit dem Instinkt der Selbsterhaltung war Margaret entsprungen. Eine Sekunde lang stand sie atemlos da und zitterte am ganzen Körper vor Schock und Schrecken, dann sammelte sie sich und ging schnell auf die liegende Gestalt zu, die so still dalag, dass sie fürchtete, der Tod würde ihr entgegentreten.

Sie fasste Mut und zog die karierte Hirschjägermütze zurück, die ihr ins Gesicht gefallen war, und sie sah einen Mann, nicht sehr jung, mit geschlossenen Augen und zusammengebissenen Zähnen, auf dessen Gesicht sich ein Ausdruck der Qual abzeichnete.

Mit dem Bedürfnis nach Hilfe ging Stärke einher; Sie flog zu der Brandstelle hinab und tauchte ihr Taschentuch ins Wasser, badete seinen Mund, seine Augen und seine Stirn, und als sie dann sah, wie er wie ein Haufen dalag, bewegte sie ihn sanft, damit er leichter atmen konnte, dann kniete sie nieder und betete von ganzem Herzen. Es schien lange zu dauern, bis er irgendwelche Lebenszeichen zeigte, und das arme Kind wurde sehr nervös und sehr ängstlich; Sie konnte ihn dort nicht allein lassen, dachte sie, bis sie wusste, wie es sein würde; und sie fuhr fort, sein Gesicht und seine Hände abzutupfen, in der schwachen Hoffnung, dass er auf ihre Bemühungen reagieren würde. Doch schließlich begann das Leben, das beinahe aus dem großen, massiven Körper herausgeschüttelt worden war, erneut durch seine Adern zu kribbeln, und nach einem langen, zitternden Seufzer und einem unterdrückten Schmerzensschrei öffneten sich seine Augen und starrten ihre Augen an völlige Verwirrung. Er hatte sie beten gehört.

„Ich habe dich fallen sehen; es war niemand sonst da; bist du sehr verletzt?“ sagte Margaret besorgt, alles in einem Atemzug.

„Das fürchte ich“, antwortete er und die tiefen Töne seiner Stimme waren voller unterdrücktem Schmerz.

„Können Sie sich überhaupt bewegen? Sollten Sie Angst haben, zurückgelassen zu werden? Soll ich Hilfe holen?“

Er kämpfte um Selbstbeherrschung; Es war offensichtlich, dass der Schmerz ihn fast überwältigte, und Margarets Herz war so voller Mitgefühl, dass sie keinen Platz mehr für Nervosität hatte. Sie war über alle Maßen berührt, als sie bemerkte, dass er inmitten all seines Leids an sie dachte und versuchte, alle Anzeichen dessen, was er ertragen musste, zu unterdrücken. Einen Moment lang konnte er nicht sprechen, dann sagte er hastig:

„Meine Männer passen auf mich auf. Wenn Sie können, binden Sie ein Taschentuch an meinen Stock. Sie sollten mich hier abholen.“ Nach ein oder zwei Augenblicken sagte er: „Wenn es Ihnen nichts ausmacht, zu bleiben – bis – sie kommen –“, und zum Entsetzen der armen Margaret verfiel er erneut in Bewusstlosigkeit.

Sie handelte so, wie er es ihr gesagt hatte, und hatte den Trost, zu sehen, wie ein Boot abfuhr. Sie bemerkte nicht, von welchem Schiff es kam, aber sie eilte zurück an seine Seite und erneuerte ihre Bemühungen mit ihrem tropfenden Taschentuch.

Dann, als die Männer landeten, ging sie zum Ufer hinab und erzählte ihnen, dass es einen Unfall gegeben hatte; und in einem oder zwei Augenblicken war der unglückliche Held des Abenteuers von starken Armen und offensichtlich besorgten Helfern umgeben, und Margaret glitt davon. Sie fühlte sich sehr müde, als sie nach Hause ging. Angst ist immer eine viel größere Ermüdung als körperliche Anstrengung, und als sie das Hotel erreichte, sank sie zusammen. Dann schleppte sie sich nach oben und war erfreut, mit Mrs. Dorriman allein zu sein.

Mrs. Dorriman war in aller Seelenruhe damit beschäftigt, ihre Buchhaltung zu regeln, und stellte mit Befriedigung fest, dass ihr Bruder sie, wenn er wollte, in die Lage versetzen könnte, ohne einen Fehler zu finden. Aber Mr. Sandford war weder geizig noch anspruchsvoll, was Geldangelegenheiten betraf; und als Mrs. Dorriman die Schlussfolgerung niederschrieb, konnte sie sich einen Seufzer nicht verkneifen, als sie darüber nachdachte, wie völlig die Methode und die Sauberkeit des Ganzen vernachlässigt worden waren, da wahrscheinlich kein anderes Auge als ihr eigenes jemals dieses gut geführte Buch sehen würde .

Sie blickte auf und sah, wie Margaret – blass auf den Lippen – müde in einen Stuhl sank; und sie war sofort wach und alarmiert.

„Ein Unfall“, murmelte die arme Margaret. „Oh nein, nicht für mich“, fuhr sie fort, als Mrs. Dorrimans Besorgnis zunahm; Und dann brachen sie vor Angst, Müdigkeit und allem anderen zusammen, und sie weinte; und die arme, verwirrte Frau war noch ratloser als sonst.

Margaret konnte nicht zum Mittagessen gehen; Wie bei ihr üblich, pochte ihr Kopf heftig, wenn sie übermäßig erregt war, aber sie weigerte sich, zu Bett zu gehen. „Ich hatte keinen Unfall, ich bin nicht verletzt“, sagte sie und lachte ein wenig hysterisch, „aber ich dachte, er wäre getötet worden. Es war so schrecklich.“

Mrs. Dorriman streichelte sie, gab ihr etwas Suppe und ließ sie auf dem Sofa zurück, während sie Grace suchte und nach unten ging.

Später herrschte unten ein Tumult, eine Hektik wie bei einem Neuankömmling. Margaret hörte es, ohne es mit ihrem Abenteuer in Verbindung zu bringen. Das apathische Gefühl der Trägheit, das normalerweise auf Aufregung folgt, hatte sie überkommen, und sie lag still da, ohne zu schlafen, nicht einmal nachzudenken, alle ihre Sinne waren in völliger Ruhe eingelullt. Grace kam aufgeregt herein und sprudelte über von Neuigkeiten.

„Margaret!“, rief sie, eilte zu ihrer Schwester und sprach mit ihrer hohen, klaren Sopranstimme: „Ein armer Mann, der Besitzer dieser schönen Jacht, die wir letzte Nacht ankommen sahen, wurde fast in Stücke gerissen, und man hat ihn hierhergebracht. Sein Name ist Sir Albert Gerald, und ich sah, wie er hereingetragen wurde. Er ist wunderbar gutaussehend, und es war ganz romantisch, ihn auf seinen sorgfältig arrangierten Bootskissen zu sehen, wie er von seinen Bootsmännern auf Schulterhöhe getragen wurde.“

„Ich weiß“, sagte Margaret und legte ihre Hand an ihren schmerzenden Kopf. „Ich habe ihn fallen sehen, Grace. Er fiel neben mir, wo ich saß, und ich dachte, er wäre tot.“

„Du hast ihn fallen sehen! Margaret, was für ein Abenteuer. Und hat er mit dir gesprochen? Hat er dich gesehen? Wer war da?“

„Die Besatzung seines Bootes hat ihn nach Hause gebracht, sagten Sie?“ und Margaret, die nicht auf alle Einzelheiten eingehen konnte, drehte sich einfach müde um, als wolle sie unbedingt in Ruhe gelassen werden.

Und Grace wandte sich ab. Margaret hatte ihn fallen sehen, aber das war alles, dachte sie.

An diesem Abend kam Mr. Sandford nach Lornbay. Grace war die erste, die ihn begrüßte, und jegliche Emotion, die das Treffen geprägt haben könnte, wurde durch ihre Kühle völlig hinweggefegt.

Margaret empfand mehr, aber sie war beeindruckt von der Sorge und dem schlechten Gesundheitszustand, die in seinem Gesicht sichtbar waren, und sie hatte Mitleid mit ihm, und ihr Kummer verlieh ihrem Benehmen eine Freundlichkeit, auf die er nicht vorbereitet war. Er störte sie nicht allzu sehr mit seiner Gesellschaft, sondern machte sich auf den Weg, um herauszufinden, wann Mr. Drayton voraussichtlich eintreffen würde; Sein Treffen mit den Mädchen war von einer unerwarteten Glätte geprägt, für die er gebührend dankbar war.

Zahlreiche Briefe warteten auf Mr. Draytons Ankunft. Mehrere in der wohlbekannten Hand seines Managers, des Mannes, der sich so standhaft allen Plänen widersetzte, so wie dem, den Mr. Sandford ihm aufdrängen wollte.

Es war nicht unnatürlich, dass der Wirt und alle anderen, die mit dem Ort zu tun hatten, von dem schrecklichen Unfall, der Sir Albert Gerald in das Hotel geführt hatte, erfüllt waren, und dass man ihn auch zu Tode fürchtete, denn er war sehr krank. Ein Arm war an zwei Stellen gebrochen und er hatte, so die Befürchtung, einige innere Verletzungen erlitten, die seine Genesung erschwerten.

Mr. Sandford hörte ohne mehr als ein flüchtiges Interesse die Geschichte des Unfalls, erzählt mit jener minutiösen Aufmerksamkeit für unwichtige Details, die eine Erzählung in den Händen derer charakterisiert, denen alle seltsamen Ereignisse in übertriebener Form erscheinen. Er kannte den Namen dieses Mannes nicht, obwohl es ihm eines Tages bestimmt war, ihn genau zu kennen. Er tat ihm leid und das war alles.

Die Person, die Mr. Sandfords Ankunft für sehr wichtig hielt, war Lady Lyons – neben ihr ihr Sohn. Lady Lyons, die in jeder Handlung, die sie in irgendeiner Weise berührte, immer weniger oder deutlich mehr sah, und natürlich auch ihren Sohn, kam sofort zu einem Schluss.

„Das halte ich für gut", sagte sie zu dem erstaunten jungen Mann und setzte einen Gedanken laut fort, wie sie es manchmal tat, und verwirrte ihn dadurch etwas.

„Mutter! Was findest du gut?"

„Mr. Sandfords Ankunft; ist es möglich, mein lieber Paul, dass Sie die ganze Bedeutung dieser Sache nicht verstehen. Haben Sie nicht erkannt, was das bedeutet?"

"Sicherlich nicht."

„Männer sind so schrecklich dumm", sagte die Mutter mit einer Geste der Ungeduld.

„Können Sie mich aufklären, da ich nur ein Mann und so dumm bin?" Er sprach in einem gut gelaunten Tonfall.

„Mein lieber Paul", begann sie und sah ihn liebevoll an, „du warst ein lieber, guter Sohn, ein pflichtbewusster Sohn, und in diesem Fall bin ich sicher ein kluger – du hast dich von Margaret Rivers ferngehalten, bis etwas passiert ist." Siehst du nicht, dass die Ankunft von Mr. Sandford eine Sorge ist – nicht seine Nichten, von denen er sich vor nicht allzu langer Zeit getrennt hat –, aber du, Paul, er hat wahrscheinlich etwas von Mrs. Dorriman gehört (in …). In diesem Viertel, mein Junge, habe ich nichts unversucht gelassen), und er hat *vielleicht* gehört, dass Margaret geneigt ist, zu antworten, nicht wahr, Paul?

„Meine arme, liebe Mutter", sagte Paul, „wenn Männer so dumm sind, wie du sagst, ist die Vorstellungskraft der Frauen doch völlig unvorstellbar."

„Auf Tatsachen basierende Vorstellungskraft, mein lieber Paul."

„Mutter", begann er in einem Ton, dessen Bitterkeit sie nicht verstehen konnte, „wird es dich verletzen, zu wissen, dass ich in dieser Angelegenheit kein so pflichtbewusster Sohn war? Vergib mir, aber die Liebe war stärker als die Pflicht. Ich habe es versucht." Es ist schwer, Margaret zu gewinnen, ich flehte sie an, sie musste gesehen haben, dass ich es ernst meinte, sie musste gewusst haben, dass ich sie liebte … Sie lehnte mich ab, Mutter, lehnte mich ab als einer unter ihr, und sie hatte recht, sie sagte, ich sei ein Junge und ein Kleiner. Ich habe es dir gesagt, weil du falsche Hoffnungen geweckt hast, aber ich kann nicht noch einmal darüber sprechen.

Er wandte sich ab und seine Mutter setzte sich voller Erstaunen aufrecht hin. Die ganze Demütigung darüber, dass er ihren Rat doch nicht befolgt hatte, vergaß sie in ihrer größten Überraschung darüber, dass ihr Sohn tatsächlich abgelehnt worden war.

Natürlich kam ihr dies aufgrund ihrer mütterlichen Sicht auf die Frage seltsam vor; Sie war so erstaunt, dass sie für einen Moment die Fähigkeit zum Sprechen verlor und kleinen hilflosen Ausrufen freien Lauf ließ, die keiner Antwort bedurften.

Dann verließ er sie abrupt und fühlte sich zu tief, um es nicht zu ertragen, dass sie darüber sprach. In diesem Moment kehrte Mr. Drayton nach Lornbay zurück, in der Hoffnung, Margaret noch dort vorzufinden, und rechnete nicht mit der Ankunft von Mr. Sandford oder, kurz gesagt, mit einer Änderung ihrer Vereinbarungen.

Es war nur natürlich, dass Margaret sich jeden Tag fragte, wie es dem armen Verwundeten ginge. In einem Leben, in dem es keine großen Vorkommnisse gegeben hatte, war ein solches Abenteuer an sich schon voller intensiver und schmerzhafter Aufregung, aber sie erinnerte sich immer an die wunderbare Selbstbeherrschung und den Gedanken an sie; In solch einem Moment muss der Schmerz schrecklich gewesen sein, und doch hatte er versucht, alle äußeren Anzeichen davon zu unterdrücken. Der Ausdruck in seinen dunklen Augen verfolgte sie; Sie hatte einen solchen Einblick in die wahre Natur des Mannes erhalten. Sollten sie sich jemals wiedersehen? Sie dachte nicht; Es wurde bereits darüber gesprochen, dass sie nach Hause gehen würden, und vielleicht würden sie gehen, bevor es ihm wieder gut ging. Sie war sich ihrerseits überhaupt nicht bewusst, etwas getan zu haben, was der Dankbarkeit würdig war, und sie war sich nicht ganz sicher, ob diese kurze, aber qualvolle Stunde, wenn sie sich trafen, eine Bekanntschaft darstellen würde.

Nachdem Sir Albert Gerald jedoch viele Stunden lang zwischen Leben und Tod hin und her schwankte, erholte er sich. Er war zweiunddreißig, in der Blüte seiner Jugend und Kraft; Die ungünstigen Symptome verschwanden nach und nach und er begann sich zu erholen. Sein erster Gedanke, als er wieder zu vollem Bewusstsein zurückkehrte und all seine Schmerzen und Qualen allmählich seinen starken Kräften zur Genesung wichen, galt dem Mädchen, das wie ein mitleidiger Engel aussah und tapfer allein bei ihm gesessen hatte hatte ihn durch ihre Geistesgegenwart gerettet; und er hatte ihre Tränen gesehen. Wäre sie nicht dort gewesen... Es hätte eine späte Suche gegeben; Seine Männer hätten es vielleicht seltsam gefunden, dass sein erwartetes Signal nicht gegeben wurde, und hätten nach ihm gesucht. Dann sagte er sich, es wäre zu spät gewesen. Er lag da und fragte sich, wer sie war, wo sie lebte und wie er ihr jemals danken konnte, ohne ihren Namen zu kennen, als eines Tages sein Diener seine Bücher ordnete und er ihn bat, ein oder zwei neben sich zu legen, vielleicht fühlte er sich dazu geneigt lesen. Er lag jedoch still; Da er schrecklich geschwächt war, fürchtete er sich vor einem Umzug. Er war so verletzt und so angeschlagen, dass es unmöglich schien, dass er jemals wieder über die Hügel gehen und einer seiner alten Beschäftigungen nachgehen sollte. Sein Blick verweilte träge auf dem Bucheinband vor ihm und er fragte sich, ob es ihm Leid bringen würde, wenn er in eines hineinschaute.

Gedanken werden eintönig, wenn sie von einer gewissen Angst erfüllt sind; Dann, mit dem schnellen Erkennen kleiner Tatsachen, das oft mit großer Kraftanstrengung einhergeht, sah er ein seltsames Buch unter sich liegen. Mit großer Vorsicht und nicht ohne einige Schmerzen zog er das Buch zu sich heran und öffnete es mit der Mühe eines Mannes, der es gewohnt ist, seine rechte Hand zu benutzen, die jetzt so nutzlos ist. „Tennyson!" sagte er leise zu sich selbst; Dann schaute er auf das Vorsatzblatt und sah in einem ungeformten, mädchenhaften Gekritzel „Grace Rivers" geschrieben. „Wie kam das Buch zu mir?" dachte er verwirrt und verwirrt. Der aufmerksame John kam erneut herein und sein Meister stellte ihm die Frage.

„Es lag neben Ihnen, als Sie fielen, Sir Albert. Ich wusste nicht, dass es nicht Ihres war."

„Ah, ich verstehe", sagte sein Meister, erfreut über die Überzeugung, dass er jetzt den Namen des Mädchens kannte, das so deutlich in seiner Erinnerung lebte. Wenig später rief er seinen Diener zu sich und beklagte sich über die Langeweile, die er dort empfand.

„Vielleicht würde der Vermieter kommen und mit mir reden; das wäre besser als nichts."

„Ja, Sir Albert."

„Es sei denn, er ist beschäftigt. Ich habe ihm nichts Besonderes zu sagen. Du wirst ihm das erklären."

„Ja, Sir Albert."

„Denken Sie daran, es deutlich zu machen", fuhr der Kranke fort, aber John war außer Hörweite.

Die Zeit schien langsamer zu vergehen, jetzt, wo eine gewisse Erwartung ihre Flügel beschwerte, aber Sir Albert beherrschte seinen Geist mit Geduld. Es war sehr angenehm, eine Ahnung zu haben; Noch nie hatte er sich so sehr für eine junge Dame interessiert. Das war natürlich; Er hatte noch nie zuvor eine solche Hilfe benötigt. Es war insgesamt außergewöhnlich. Es lag durchaus die Grundlage einer Romanze darin, vorausgesetzt, er wäre jünger als er war und nicht so vernünftig. Ein jüngerer und empfänglicherer Mann hätte sich vielleicht auf der Stelle verlieben können. Und dann lachte er ein wenig. Das war in der Tat absurd!

ENDE VON BAND. ICH.